U0012450

生命樹

Health is the greatest gift, contentment the greatest wealth.
~Gautama Buddha

健康是最大的利益，知足是最好的財富。 ——佛陀

討好陷阱

心理師的情緒解方

有些人無論如何都不會滿意，那就別再嘗試討好他們

PLEASE YOURSELF

How to Stop People Pleasing and Transform the Way You Live

EMMA REED TURRELL

艾瑪·里德·特雷爾————著 林怡婷————譯

獻給湯瑪斯與艾莎，請討好你自己

To Thomas and Elsa, please yourselves.

目錄

推薦序／

依循感受，不用轉身也可以掙脫討好魔咒

謝雪文（雪兒 Cher）作家

你是個討好者嗎？必須說，三十歲前，我是典型討好者，索取別人眼光而活的奴才，卻從來沒發現「我根本不需要這麼卑微」。

《討好陷阱》根本就是命中討好者紅心的字典。我幾乎能在四種討好類型中尋找到過往生活的痕跡，例如學生時代討好老師、職場工作討好主管、家人相處討好母親的期待，感情中討好另一半到失去自我。

過度的討好，是壓垮靈魂最後一根稻草。尤其當一再被喜歡的人否定時，你又無法從長期討好者脫身，最後對未來失去目標，對生活失去熱情，就像失去水的魚兒，每一口呼吸都感覺刺痛。逐步進入憂鬱想死的階段，認為生活再也好不起來。

倘若二十多歲看到這本書，我大概會視為救命恩人，不必轉身遠行也可以找回自己，書中許多的案例，告訴你依循感受，才能掙脫討好他人，傾聽自己的感受才是討好自己的

關鍵。

給想分手，卻分不了手；想離職，卻離不了職；想離家出走，卻怕回不了家的人。此書告訴你為何會裹足不前，卡在泥沼裡的困惑。正因為沒有人告訴你該如何為自己挺身而出，並察覺憤怒，復元之路或許艱難，但不去了解過去的缺憾，就不會明白現在應該追求什麼。

其中針對討好朋友這個章節，我特別有感觸。裡面文章一段敘述「結束友誼需要勇氣，但如果這段關係已經自然而然走到盡頭，或是出現無法化解的衝突，結束友誼並不代表失敗。就像蛻皮，如果友誼像是不再合身的外殼，你可以蛻去這段關係。」

大人活到一定的年紀，最害怕失去。失去親人、失去愛情、失去友誼，但一定的年紀後你會發現，某些人會自動消失在生命裡，永遠最好的朋友可能是在過去，但絕對不會出現在一輩子裡。

感情、職場都一樣，你必須離開某個地方或結束某段關係，才能真正面對自己。如果你都把重心都放在他人身上，剝離自我的期待，就像走在鋼索上的人，每一步眼神都望向他人，沒有掌聲就無法前進，一旦被責備就宛若世界末日般黑暗降臨。

《討好陷阱》剖析了討好者許多無助都來自擔心別人怎麼想，唯一解脫就是認清自己的想法，而且排除別人對你的情緒勒索或是暴力相向，不要因為希望獲得接納，而失去了原本的初衷，更不要否定自己的存在。反觀你若是被討好者，也別依賴著掌聲而活，允許自己把情緒說出來，不要害怕被質疑或否定。

曾經，我活在網路評論的恐懼中。畢竟身為半公眾人物，醒來就會被酸民所包圍，也為評論區中的負評耿耿於懷。看完此書真的有種找回自己的感動，真實離開稱讚的牢籠，並開始練習討好自己的關係圈，希望《討好陷阱》能幫助你解脫人際關係中難受的情緒，重要的是，開始討好自己吧！

（本文作者著有《生活中，選擇留下合適舒服的人》等書）

推薦序／

在討好與反抗中間，存在著一個平衡點

蘇益賢 臨床心理師

打開教育部國語辭典輸入「討好」二字，映入眼簾的釋義是「迎合人意，以博得他人歡心。」頁面上還放著幾個相似詞：巴結、逢迎、奉承……不知道這樣的解釋與讀者們的印象是否一致？對多數人而言，討好一詞時常會被貼上負面的標籤。

儘管如此，這種人際互動現象，卻時常出現在你我的生活中。翻開《討好陷阱》一書，你會看見這類現象廣泛存在於親子、伴侶、職場，即便在「虛擬」的人際場域，也就是網際網路上，也十分常見。

在逃出討好這種陷阱並做出改變前，做為導讀，本文想邀請讀者先來認識一下「討好」行為最初的本質——其實，討好是我們小時候必須學會的一種生存技能。

故事回到我們呱呱落地剛來到人間的那時候。剛出生的嬰兒以「唯我獨尊」的姿態和父母互動，父母耐心回應嬰兒的所有需求，從吃喝拉撒睡到情感上的撫慰，無一不包。

但這種狀態會隨著孩子慢慢長大而有所改變。長大的孩子開始能夠透過父母的語言、非語言等線索發現，原來我並不是「獨尊」的。不僅如此，我其實還必須順從爸媽的教養與規則來行動。不然，爸媽可能不會回應我的需求；我很可能會失去這個讓我感到安心的所在。

透過這一來一往的過程，我們變得懂事與聽話，也逐漸內化了這樣的人際歷程。聽從父母指示的同時，我們也逐漸理解怎樣的行為是可以的、怎樣的行為是不好而會遭受懲罰的。從人類發展的角度來說，這種順從與討好，其實是我們必須習得的任務。

然後來到青春期，在我們稍微意識到自己有些「能耐」的時刻，又會想要去挑戰自己過去習慣的討好模式。這也是青春期孩子常被貼上叛逆標籤、愛挑戰父母的原因。

理想上，當一個人走過動盪的青春期，慢慢成為「大人」之後，他應該要能將這一路上所學到的人際互動歷程進行「整合」。作者舉了一個「穿外套」的例子，是個很好理解的隱喻。在我們還是小孩時，天冷時會聽從爸媽指示把外套穿上（這樣的「順從」會獲得父母的鼓勵與增強）。來到青春期時，為了爭取自主權、控制感，我們時常選擇唱反調，即便外面天氣很冷，還是不想用穿外套來「討好」爸媽。

那麼，「整合」是什麼意思呢？它是指，你既不刻意討好，也不故意反抗。你理解到「爸媽的好意與出發點」（關心你、擔心你感冒），也同時考量到「自身需求」（依據自己對身體的了解、客觀評估現在的天氣）。完整參考這些資訊之後，替自己做出最好的決定。並在過程中，同時顧慮到對方以及自己的感受。讀完本書，你會發現，極端的討好與不討好（反抗），都不是最佳解。

理想是這樣，但說實在的，整合並不容易。因為我們在學習「討好」、「反抗」的過程中，很可能受過一些傷。因此，有人長大之後成了「不敢反抗」的討好人，又或者是「總是反抗」的要求者。在閱讀書裡不同案例時，相信讀者能慢慢看見所謂的「舊傷」是如何在「此刻」隱隱作痛，而影響到了一個人成年後的人際關係。

在修復這些傷口前，看見它們的存在，理解它們「其來有自」是很重要的第一步。對於討好議題深感共鳴的讀者，可以透過本書引導，重新看見、理解成長路上累積的某些傷口，並一步步試著採取行動、做出改變。期待有一天，我們都不必戴上討好的面具，而能用自己真正的模樣來與他人相會。

（本文作者為初色心理治療所副所長、心理師想跟你說共同創辦人）

推薦序／

用心感受，才能無懼地掙脫「陷阱」

陳之華 作家

多年前一場演講會，家長問我有關於「沒有規矩，不成方圓」這概念。我當場回覆，若說規、矩為輔助工具，缺少它們，確實難以畫出方、圓。但教養與成長中的規矩養成，在方、圓形塑前，若能讓孩子理解到更多的所謂「規矩」，知道背後因素所為何來，知其所以然，才能打從心裡而為之，並非因為規定而一味遵守與被要求，那「規矩」將更顯其意義，也更能被珍視與認同。

我總以為，做為大人，我們不該為了規定而規定，為了要孩子遵循所謂的行事標準與原則，與其用嚴厲、恐嚇、嚇阻、威脅、利誘的方式對待，不如以溫和、理性、堅定、誠懇、尊重的態度說明，跟孩子講述為什麼有這些規矩，可以共同去理解，如果沒有這項規則會產生什麼狀況？如果大家沒有遵守規定，可能會發生什麼事情？如果大家沒有準時到來，那事情又會如何？如果人家從你面前搶走你專屬物品，你當下會有何反應與感受？

成長中，總會遇到許多不同的外在壓力與要求，如同本書作者以「把外套穿上」為例，再日常不過的實際狀況；很多大人總以自己認為的好，執意要求晚輩、孩子、學生等接受命令，在雙方未充分溝通與理解下，必然會不時引發爭執與衝突，尤其是面對成長中的生命。沒給對方足夠時間、空間去思考為什麼？或容許對方一個能選擇要或不要，或能依自己感受做決定的機會。

被迫要求與毫無溝通、選擇的接受，瞬間自我感受被隱藏，久而久之，自我認知薄弱便成慣性，隱約中成為某種形式的「討好者」，在逐漸失去自我中，綑綁於難解的各式關係中。許多強勢要求的主導方，多數不會在乎你所謂的感受，也極少樂見任何衝突的發生，因為他們多數未有這樣的成長經驗，或自我檢視的機制。他們以為，反正你以後就會懂、會知道了，或說，事情就是這樣子，我們依循的就是一種傳統、規範，一種一切都是為了你好的好。

養育生命過程中，若輕忽了溝通與諒解，一個未能被足夠理解的童年，其青春期的衝突與反叛必然可見。但衝突與叛逆不足以懼，因為勇於面對關係裡的任何狀況，不僅是親子間的課題，更是孩子成長後，足以面對不同關係的勇氣與能力。

這本書很有意思的談論了許多人際相處裡的主題與關係，分析了各種不同類型的討好模式，剖析了人們對於與不同關係互動時，可能擔憂恐懼的結果與反應，不論是身為父母、朋友、伴侶、女性、男性等，書裡都有很深刻的著墨，同時也對特殊節慶、職場工作、網際網路與面對自己等眾多現代人容易被迫接受的情感綁架狀況做出解說與分析。

很認同作者說的，做自己和討好自己，是一種不為反抗而反抗，不為服從而服從。不討好他人並非胡作非為，也不等於觸怒對方；也就是說，討好自己和討好別人不一定是對立的。作者也提到，面對建議，必須要有自主判斷的自由，才能挑出具實用價值的建議。過度服從、規矩行事，會讓自己困在服從的階段中。此外，也闡述到你可以表現悲傷、傷心是很正常的、傷心將會消逝等的概念與認知。

這些看似難度不高，卻讓人們裹足不前，難以真正全然體認到的內心感受與觸及達成的各種良好微妙關係，這本書都有解答，為你提供反思與提示，書裡提及的面向很廣，得由大家閱讀後一一檢視。若能理解書裡的解方與分析，必能在自我與周遭的人際與環境中，取得更完善的平衡點和愉悅的生活。

（本文作者著有《沒有資優班，珍視每個孩子的芬蘭教育》、《預習世代：無懼未來的青春教養故事》等書）

推薦序／

沒甚麼理所當然——但討回自我的好，理所當然！

蘇俊濠 諮商心理師

我們為何要討好他人呢？討好必然是為了得到某種利益。從最直接的金錢和名望，到渴望在關係裡被看見與認同、避免被他人討厭，乃至使互動維持在特定的樣態、控制反應以防止不悅感的產生等。

以討好行為換取利益，人類在生命之初早已學會。做為觀察者，小孩觀察著身邊的大人正在觀察自己、對自己感興趣；可以說，是由於察覺到自己被觀察的同時，「我」的概念才正式誕生。因此，人類最先學會的是觀察別人的反應，把反應與現象作關聯，繼而調節「我」的行為，以印證他人對此的反應。而別人對我最初的反應，總是與喜不喜歡、高不高興相關，小孩內攝（introject）這些批評態度，由此猜想及檢視對方希望我怎樣做／我怎樣做能夠影響對方——討好，一項生存的必備能力便應運而生。

由此可見，討好既是發展的生存能力（不會討好大人的小孩可能也是生病的），又是焦慮感無所不在的印記。從潛意識的角度思考，討好行為的核心「成為別人喜歡的樣子」，其實是與存在感（being）綁定的。這種原初定義的討好，在不夠健康（如精神官能症）的個體身上尤其明顯。若是不演出他人喜歡的樣子，焦慮感便隨時要沖毀自我的存在感，教自己不能定義自己、自己也否定自己。

在諮商裡，總會看到早期家庭的教養與關係問題，引發人們的存在焦慮而不得不去討好。不慎踩到情緒地雷，媽媽便暴走式發怒；要是沒準時備好晚餐，爸爸便不斷臭罵小孩的品性和能力；一天沒有用力撒嬌和搞笑，父母的臉上便只剩下恆常的憂愁與死寂。無論父母有意或無意，他們的情緒都「理所當然」地讓小孩來處理，又只有處理後，父母的反應才是安全可預測。

「理所當然」是最傷害人的！帶著這個潛意識創傷，人們理所當然地滿足別人而犧牲自己、扛下別人推卸的爛攤子、當一位好好先生或小姐，然後像我的案主所說：「我好像只能一直做別人喜歡的那個自己，因為我連自己是誰也不曉得，但我覺得沒有被聽見、沒得到尊重，我心中忍受很多的憤怒，不知道怎樣表達。說到底，也許是我不夠愛惜我自己……」——「理所當然」不是一個能安身的「位置」，如僅有一個選項，又有何自由？討好者不只失去了安放真我的內在位置，還喪失了自重、自憐、自愛的能力，卻變成自己討厭的人。

最後，理論地說：討好他人，在原初意義的目的，亦是要討好自己。我們把好的自我（溫柔、體貼、愛慕）投射出去，期待對方以預期的方式回應（讚美、認同、保護）；但在理所當然的關係裡，投射成了沒有回報的日漸掏空，不只討不回「我」的好，甚至被當作情緒垃圾的掩埋場。久而久之，人格中形成某種攻擊與受虐態度及複雜的防衛機制，以保護有所求卻啞口的真我。

我的專長是精神分析治療，它探究人性幽微，理解潛意識慾望，照料未言的情感，卻不太給予人們該如何生活的建議。恰好本書作者從伴侶、親友、職場、性別、社交網路等方面，說明不同討好者該如何停止討好、適應被討厭、引導療癒的練習——但願它能討好你，去學會理所當然的討好及愛惜自己，這是心理治療工作者由衷期盼的利益！

（本文作者為「哈理斯的精神分析躺椅」創作者，「女人迷 womany.net」專欄作家）

前言

我們身邊都有這樣的人：他們忍不住要討好別人，他們可能難以說出自己真正的想法，或是不願意特立獨行；就算沒做錯事，也可能會道歉；變更計畫時會懷有罪惡感；他們覺得與其要解釋為什麼沒辦法做到，不如直接答應。也許他們兼有以上行為，也許你就是如此？

我以前也總愛討好別人。守時是我的一貫作風，我在母親預產期當天早上準時出生。我從小就擅長討別人開心。每當我父母舉辦派對，我一定會把握娛樂賓客的機會；我也心甘情願拜訪老人家，為他們唱聖誕頌歌。我就像一隻變色龍，擅長融入任何社交場合，施展取悅別人的能力，滿足他人的期望。

成年之後，在職場上或和朋友相處時，我還是情不自禁討好別人，把別人的快樂當作自己的優先要務，似乎欠缺拒絕他人的能力。我想方設法避免別人討厭我（事實上，我更不想要討厭自己），不過討好的行為妨礙我依照自己的想法真誠過活，使我身心俱疲。

我現在很少討好別人了，也因此身心都舒暢得多。

在我擔任心理治療師的臨床實務中，每天都看到在這種複雜的兩難局面中苦苦搏鬥的人：他們沒辦法討好每一個人，卻又不允許討好自己。我會與案主合作，協助他們認清一個令人寬慰的事實：**有些人無論如何都不會滿意，所以祕訣就是別再嘗試討好他們**。

討好者康復之後就能看清過去，他們感嘆：「真希望我以前就能知道這個道理。」**討好自己不等於「事事以我優先」，只是「凡事也要為自己著想」**。

本書的目的是幫助你現在就瞭解這個道理。

接下來我們就來談談討好的行為……好嗎？

討好的原因

你可能以為，討別人開心是周到、體貼、親切的作法。事實上，這是因為你渴望掌控別人的反應，避免被討厭的感受讓自己心裡不舒服。討好是一種策略，目的是讓自己安全地握有掌控，並以慷慨或隨和的假象包裝。

討好者禁不起別人的失望，被討厭更是無法忍受。我們害怕被批判、被認為有所不足。被需要的感覺就和被愛一樣令人滿足。我們討好是因為害怕失去對方，但在此過程中，討人歡心不僅徒勞無功，我們還失去了自己。

討好行為的根源很容易理解。人類屬於群居動物，我們依賴群體提供火源、食物及保護，假如被討厭，後果相當嚴重。恐懼、罪惡、羞愧都是本能的感受，目的是保護我們安穩地生活在群體之中。不要觸怒別人，以免失去篝火旁的位置、被驅逐到荒野之中，或死於飢餓掠食者的爪子之下。如果懲罰可能是死亡，那就別惹事生非。然而，現代生活已和遠古大不相同，但這些感受卻沒有隨之演化。我治療室中的案主只不過是忘記別人的生日、打電話請病假、取消和朋友的晚餐約會，卻都感覺彷彿犯下滔天大罪。不論任何事情，只要影響別人或令人稍微不舒服，他們都會極度不自在。

有一位討好者某週參與療程時遲到了，她看起來比平常更心煩意亂，遲到的原因是，她從停車場走到診間的途中被死纏爛打的慈善機構募款人耽擱，被迫聆聽耶穌再臨的信徒佈道，還被說服訂閱了線上語言課程，只因為她無法拒絕別人。她嚎啕大哭：「他們都盯上我了。」

罪惡及羞愧等本能感受令人相當痛苦，因此我們不計代價試圖避免，不過帶來這些感受的行為在今日社會中早已不是嚴重的罪愆。如果我們對這些本能感受的認知沒有更新，就會繼續避免任何可能帶來罪惡感的行為，即便自己絲毫沒有過錯。

討好並不是某種怪癖或個性，而是制約的產物。本書後續將說明討好行為的發展歷程，從出生、童年、青春期一路談到成年，解釋今日所做的選擇如何一再強化早期建立的信仰。

討好的陰暗面

過去討好行為常被貼上女性專屬的標籤。的確，就文化刻板印象來說，女孩的成長過程經常被教導要保持恬靜、以他人為優先。不過現今任何人都可能有討好問題，不論性別、年齡或地位，只是長久以來這個問題都被輕描淡寫地帶過，說討好者只是「隨和」或「人太好」。相關陳述的口吻一貫輕鬆，甚至是戲謔；有時候提供的建議方式相當輕浮、不屑一顧，例如勸討好者：「不要管其他人怎麼想就好了」，或是將應對方法武裝成「啥事都不在乎」的哲學，勸討好者不要理會攻擊辱罵者，或是「別去理那些鳥事」，不過實際上，我們應該全心處理、明快解決。如果解決方法真的就像「不要在意」一樣簡單，那我們早就照做了。

事實是，沒有簡單的解決方法。討好是一種犧牲自我的強迫症行為，對討好的對象和討好者本身來說，傷害力一樣強大。討好並不是一種可以學習與之共處的良性習慣，這不是充滿好意又無傷大雅的小怪癖。這是焦慮的展現，是因為討好者害怕失去掌控（他人的情緒）而出現的行為。

討好者會想方設法隱藏自己的真實想法，避免影響他人或引發不快。不論是討好或極力避免使他人不開心，如果放任這種衝動，討好者可能出現焦慮、憂鬱的狀況，身體健康惡化、自我價值低落、自暴自棄。

現今要討好的人比以往更多。在忙碌的現代生活中，要討好的對象無窮無盡，我們的角色和責任往外延伸、擴張，界線模糊不清。旁人期待我們在職場上保持彈性、隨時回應朋友的需求、擔任伴侶的好搭檔，還要抽身照顧年幼子女及年邁父母，永遠沒有打卡下班的一刻。社群網路將討好者推到無遠弗屆的線上觀眾面前，他們的自尊來源被外包給行銷演算法及陌生人比讚的大拇指。

你可能不覺得自己有忍不住討好別人的毛病，我許多案主一開始也都這麼認為，以為自己絲毫不受他人意見影響，準備好獨立揮灑自己的人生。最明顯的討好行為是想方設法讓身邊的人更輕鬆自在，不過這只占了討好者的一小部分，討好行為還有其他多種形式及偽裝。

人際關係中如果存在討好的壓力，可能引發多種反應，包括藉由故意不討好來表現自主，不過這些反應都只是自我價值低落、缺乏權力、害怕拒絕的防禦行為。下一章我將介紹四種不同類型的討好者，他們反映的都是同樣的問題：無法自在地做自己。

但這個問題是有出路的。**不是要你選擇自私，只是要你能夠安然地回應自己的需求，就像你回應他人的需求一樣**。如果被喜歡、被需要的代價是犧牲自己，那其實並不值得。總有一天，我們必須做出決定：要繼續討好下去，還是真誠地做自己。

以經營關係來說，討好自己其實才是負責、慷慨大方的方式。做到這一點，我們可以在尊重對方的同時真誠過活，我們擁有同時幫助他人與自己的資源及能力，**撥出一些心力關注自己並不會減損對他人的關心。關心不是派，分給自己一些，別人不會少一塊**。

關心重質不重量

本書提供討好的替代之道，但不是阻止你關心他人，事實上，本書呼籲更加關心、提升關心的品質。更加真誠、公平、適當、一致地關心自己和他人。付出適當程度的關心，敢於承受某些人無法接受你真實樣貌的風險，這樣你才能擁抱另一些人對你無條件的接納。付出適當程度的關心，不要將替你判刑、行刑的責任強加於他人之上。付出適當程度的關心，承認除非我們擁有拒絕的權力，否則就無法發自內心地答應。如果我們沒有拒絕的選項，那答應根本就毫無意義。

本書將協助你適應被討厭，而不是只是保持沉默；引導你復元，而不是一味擔心失敗；教導你接受批判，而不是逃避。**我沒辦法告訴你如何停止討好別人，卻又不會讓任何人不開心，我只能告訴你，就算稍微不討人喜歡，你還是能照常過生活，甚至過得更好。**如果在一段關係中，你無法表達自己的需求與感受，這種關係根本就不牢靠，此外還占據了建立其他穩定健康關係的空間。

本書嘗試解釋討好行為的原初動機，並以另一種角度加以說明，為討好者提供建議，協助你從照顧別人的位置上退下來，轉而開始照顧自己。我們會發現，他人對待我們的方式其實只是反映他們與自我的關係，而不是對我們的公正評價。我們可以學習關注自己的感受與需求，如果發覺自己感覺憎恨，那就該與憎恨的對象設下界線。

本書將教你如何做自己，教你如何停止苦苦追逐他人，並留在原地吸引他們；協助你認清這個事實：屬於你的終會自然開花結果，而強摘的果子不甜；鼓勵你花時間與適合自己未來的對象相處，如果不適合，不妨就把他們留在過去。本書教你成為更好的朋友、伴侶、子女、家長，協助你透過更加關心自己，進而提升關心他人的品質，而不是承擔他們的問題。

本書也會協助你**為失去做好準備。因為失去是成長的必經之路**。有些人不希望你停止討好。如果他們告訴你：「你變了」，你要知道，他們真正的意思是：「我不喜歡你不照我的方式行事。」

討好的眾多面向

我們將一同踏上旅程，閱讀這些討好者的故事與生命，敘事的同時，我將針對這些討好家長的孩子、討好孩子的家長、討好的朋友、討好的同事等眾多討好者，提供一些幕後治療觀點。本書所提供的案例來自多年臨床實務和無數次治療服務中，我所合作過的上百位討好者。他們的姓名及可能識別身分的細節皆已經有過更改，以維護案主隱私，與任何人經歷之雷同純屬巧合。在部分案例中，我將多位案主的經歷融合在一起，進一步保障身分隱私，不過這些經驗都是真實的，意義也不假，只要我們願意傾聽，他們的教訓就是我們的借鏡。

不論你是否為人家長，是否身處感情關係之中，對自己的性別認同是男性、女性，或其他選項，我都鼓勵各位一一閱讀這些故事，看看哪些能引起你的共鳴，並從中汲取對自己有所助益的建議。本書每個章節都提供反思問題、見解與技巧，目的是幫助你深入瞭解自己，為你指引一條不同的路、更好的路。到最後，你就握有一本「討好自己」的完整指南。

同情心是一項贈禮。討好別人時，我們對不願或無法表示感激的人一視同仁地付出關心，另一方面，**討好我們自己就等於允許別人也討好我們。本書將教你如何向願意珍惜的人付出關心，而這就從你自己開始。**

1／四種討好側寫

一開始，許多人可能意識到自己太常把「不好意思」掛在口邊、不願意打電話請病假，或是晚餐時等到大家都開始用餐才開動，其實我們討好別人的動機都不一樣。臨床實務累積上千小時後，我歸納出四種不同的討好類型，建立四種討好側寫。

典型討好者

我把比較「傳統」的討好者歸納為典型。他們能夠把事情辦好、挑選合適的生日禮物，或主持一場完美的晚宴，他們對圓滿達成這些任務感到自豪。他們無疑相當幹練，他們從討好對象的欣賞與讚美獲得滿足。久而久之，他人的肯定成為了他們對自己的定義，讓別人的生活更輕鬆自在是他們的身分與存在原因，如果問他們：「你想要什麼？」他們一定答不上來。

他們渴望嫻熟地棲息在別人的世界裡，沐浴在對方倒映的溫暖中。若是能在別人心中占據特別的地位，這比任何獎勵都更具吸引力。他們的自尊被他人的自尊取代，他們對自己的評價永遠來自別人。對於典型討好者來說，權威角色給予的稱讚或許比中樂透更令人欣喜。

影子型討好者

影子型討好者認為有些人的重要性更高、更值得世界矚目，他們甘願為鎂光燈下的這些人服務。

影子型討好者的生命早期可能身邊有一位自戀者，這個人缺乏同情心，期望獲得他人的景仰。生活在這種氛圍下，影子型討好者發現如果要博得關愛，他們只能貶低自己、吹捧對方。他們學會擔任最佳配角或完美助攻手，他們是別人的頭號「老二」。

影子型討好者看待世界時，總認為別人的需求比自己的更重要，他們是公車上第一個讓出座位的乘客，永遠會為別人扶著門，成年之後仍不斷想方設法增強他人的自尊。他們受他人的地位與成功吸引，是狂熱的追星粉絲。不過除非當上頭號粉絲，否則他們不會滿意，因此一群影子型討好者之間可能出現競爭激烈的討好行為。由於他們極盡所能想要贏得對方歡心，這樣的朋友有時不容易相處，有時為了爭奪最好朋友的頭銜，反而根本忘了好朋友的真正意義。心懷嫉妒的影子型討好者很容易變得偏執、多疑，出現具有殺傷力的行為，若有人脫下夾克給你穿，他們就搶著捐出一顆腎。對他們來說，討好的對象是獎賞，而不是人；是獎盃，而不是朋友。

安撫型討好者

討好的原因有時並不是想要成就完美，而只是害怕出錯。

安撫型討好者的出發點主要是「不要激怒」。他們包容、隨和，是維持情況和睦、促成合作的社交潤滑劑。就像管弦樂團的指揮，他們自願接下凝聚眾人的任務，指揮和諧的樂章，自己卻不占據任何空間。如果你向安撫型討好者大揮一刀，就算流著血，他們也不以為意。當然，他們會對血流得到處都是表示歉意。

安撫型討好者的成長過程可能不敢引發他人的不快，也不敢懷有異議。這類討好者學會平息他人的強烈情緒，擅於安撫別人或隱藏自己的感受，以免引發不友善的反應。安撫型討好者的原生家庭可能有別的孩子主要扮演挑戰現狀的角色。如果有一個孩子比較強硬、叛逆，其他手足經常就只能擔任安撫型討好者，使現狀不致顛覆。

安撫型討好者屬於討好側寫中的「中庸」角色，總是尋求平淡無奇、多數人都能接受的中庸之道。他們採取不偏不倚的中間路線，從不表示可能引發爭議的意見，也不顯露可能不討喜的偏好。

抵抗型討好者

他們是地下討好者，根本不認為自己屬於討好者。

他們無法忍受別人對自己不滿，不過不同於討好側寫中的其他類型，抵抗型討好者無法（或不願）採取獲得友善回應的必要行動。他們做不出討好行為，無法藉此避免批評或拒絕，因此只剩下一種防衛機制——退出比賽。畢竟不參賽就不會輸。

成年的抵抗型討好者會避免親密關係，與人互動不會過於親近。他們假裝心情不受批評影響，以此表象保護自己的弱點，同時阻斷與外界的情感聯繫。他們偽裝出來的厚臉皮似乎刀槍不入，不受他人正面或負面評價影響。他們關閉感受，以免感覺到失敗的痛苦。他們不仰賴他人，在團體中常與眾人保持距離或擔任領袖的角色。他們的態度介於自信與輕蔑之間，看似擁有堅持信念的勇氣，且不輕易受人左右。在困厄時期，也少有人稱讚或安慰他們。

表面上，他們也許不同於傳統討好者，不過面對討好壓力時，兩者的病理反應是一致的。抵抗型討好者也會感受到批判的重量且同樣無法忍受，只不過他們學習忽略批判，以抗拒或否認的態度處理。他們甚至不一定能意識到這種狀況，因此要向他們伸出援手難度更高。抵抗型討好者常是因為物質濫用、憂鬱、倦怠或離婚才開始有所警覺。他們必須先意識到，儘管偽裝良好，討好仍是一種壓力，之後才能開始培養討好自己的健康習慣。

你可能在以上一或多個側寫之中認出自己，甚至可能在所有側寫中都看到自己或身旁討好者的行為特徵。一生中不同時期，我們可能倚重不同側寫的討好策略，不過目的都是一樣：保護自己免於遭到拒絕的風險。

不論你屬於哪一種討好側寫，本書後續將舉出四種討好側寫的實際例子，介紹案主一路上學到的經驗，這些經驗幫助他們意識到討好帶來的壓力，進而開始建立真誠而滿足的關係。

首先，我們先來認識討好者童年時期接收到的訊息對於這種人格的養成有什麼影響。

早期討好者

我一家人都是死忠足球迷。我很小的時候就有自己的球賽季票，每兩週的週六我都會盡責地跟著爺爺、爸爸、哥哥穿過驗票閘門，進入法頓公園球場（Fratton Park）觀看比賽。我會去看球，只是為了中場休息時，爺爺從外套口袋掏出的酥皮香腸卷和巧克力棒，當時我對球賽本身沒什麼興趣。我會帶一本書去打發時間，而我身旁的群眾時不時隨著球賽發展從座位上跳起來歡呼、起鬨。父親回憶道，我偶爾會從書頁中探出頭來，詢問球賽還有多久會結束。他會說：「為什麼這樣問？你不喜歡看球嗎？」我會以旁人一眼就能看穿的六歲機智回答道：「因為我太開心了，所以想知道開心的時光還剩下多久。」現在回想起來，我的回答不太有說服力，但當時我希望我的回答能討爸爸開心，我不希望讓他失望或發現我寧願去別的地方。我猜他也不想讓我失望，因為他從來沒有透露出他其實知道我沒有說實話。

年幼孩童天生就會討好，最早從六週大的時候，嬰兒發展出微笑的能力，討好行為從這時就開始了。嬰兒微笑不完全是因為他們覺得開心，而是想要獲得別人對微笑的反應。嬰兒微笑，照顧者可能就會陪他們玩、給予擁抱、唱歌或搔癢，總而言之，微笑讓嬰兒獲得關愛。就連小寶寶似乎都知道自己需要這份關愛才能生存下去，而演化賦予他們討好的超能力。

隨著我們逐漸成長，擁有自理能力，雖然仍須與他人互動，不過至少在生理上，生存不必再依賴他人。那如果撫養我們長大的人認為我們必須維持討好、溫順的態度，早期用來討好的微笑與為生存所做的調適，並沒有轉化為獨立與無條件的愛，反而成為我們本身的一部分，那該怎麼辦？

我相信，多數家長都會付出自己所有、盡己所能，不過盲點永遠存在。如果家長自己有所缺憾，甚至不知道自己有所不足，那當然也無法培養孩子健康的人格。如果孩童接收到這樣的信號，以為自己必須放下需求來關照家長，假若這種情況繼續發展，生長在這種環境中的孩童就會長成討好者。我所謂的「家長」包括所有負責照顧孩童的成人，可能是姑姑、阿姨、叔叔、伯伯、舅舅、爺爺、奶奶、寄養家庭、老師或年長的手足，透過明示或暗示，孩童接收處世道理的所有來源都包括在內。

我們來看看我的一位案主碧昂卡（Bianca）的經歷，瞭解討好者的早期養成。

案例／**碧昂卡**

碧昂卡來到診間時總是匆匆忙忙，身上大包小包，裝著為他人效勞所需的各項雜物，空不出一隻手，行程更是滿檔。

孩提時期，碧昂卡的母親常整天待在床上，鮮少關心她，而碧昂卡總覺得自己不夠好或做得不夠多，沒辦法滿足母親的期望。回顧過往，碧昂卡知道母親患有憂鬱症，求子多年對身心帶來負面影響，即便終於迎來女兒也無法一掃累積多年的陰鬱。碧昂卡是家中獨女，早期人生用盡各種方法討好父母，努力滿足母親的期望、贏得父親的讚賞，並在此過程中把自己的需求拋在一旁。

埋下討好的種子

家長如果憂鬱或焦慮，孩子可能覺得自己必須想辦法讓他們保持開心、穩定情緒，協助分憂解勞，自己才能放心。為了照顧家長的情緒及需求，孩子可能被迫把自己放在一邊。在此過程中，孩子可能建立起「連鎖反應」，因為他們曾經照顧父母的需求，未來可能也期待別人來照顧自己，也許他們會期望子女、朋友或伴侶來討好自己。在這種情況中，每個人都忙著討好別人，全都無暇顧及自己。

母親挑碧昂卡的毛病時，她會全盤接受，也相信缺乏母親關愛是自己應得的結果。孩子通常無法看出家長的缺點，這點雖然違反直覺，但如果有人犯錯，小孩常會認定是自己的過失。孩子必須在心中保持家長「完美」的形象，因為如果家長不值得信賴，那小孩還能仰仗誰呢？不過，家長當然會犯錯，而他們必須向小孩清楚說明這一點，承擔過錯並適當修補，孩子才不必承擔不屬於自己的責任。也許你注意到自己的家長犯錯時不太情願道歉，也許你擔下超乎合理程度的責任；也許你現在還是如此。

如果童年時期有過創傷經驗，他們最保險的作法就是為自己訂定規則，讓自己稍微握有掌控感；建立一套可供依循的規矩，讓他們在自己的世界中懷有一絲安全感。他們所遵守的規矩可能完全不適用於現實世界，不過這是他們在混亂中尋求秩序的一個選項。如果你也是這樣，也許衝突對你來說好比一場災難，因此你必須建立一套規則，要求自己討好他人。我們可以理解這種創傷反應在當時情有可原，不過你要知道，這種行為現在已經沒有必要，也對自己無益。

碧昂卡的父親愛慕她的母親，她看著父親迎合母親的一切要求。母親有時對父親相當刻薄，但父親總是願意並急於道歉，讓家庭回復平靜。碧昂卡的父親就是一名討好者，碧昂卡某部分討好行為就是從他身上學來的。孩童會學習家長的一言一行，如果家長把自己放在末位，就像碧昂卡的父親一樣，孩子很可能會採取一樣的作法；如果家長汲汲營營討好現實或想像中的其他「家長」，一邊顧著孩子，一邊注意他人的期望，小孩很可能也會仿效。如果他們過於在意他人的意見，小孩很可能也是。

碧昂卡的父親會稱讚她是「好孩子」，因為她討媽媽開心，無疑對於有人能分擔照顧太太的責任感到感激，而碧昂卡也藉此獲得重視和被需要的感覺。小孩很容易沉浸在讚美之中。如果某個孩子擅於娛樂大人或禮讓別的小孩，很可能會因此獲得一兩句稱讚。越常有人讚美你很搞笑、善良、大方或有耐心，你可能就會越常展現這些特質，進而逐漸成為你身分認同的一部分。

長期討好者的養成

碧昂卡年輕的歲月全都用來討好母親，博取她的認可、實現她的願望、滿足她的需求，即便碧昂卡搬離家中，可以展開自己的生活，這一切絲毫沒有改變。她讓自己麻木無覺，這樣才能全心照顧母親的感受。

她離家之後，仍然陷於這種討好模式中。她的先生對她相當苛求、輕蔑，但碧昂卡仍然試圖討好先生，對於他的酗酒問題及婚外情視而不見。

幾十年之後，她才終於開始尋求諮商的協助。她說：「我知道這樣不對勁，但我不知道哪裡錯了。」她知道自己不開心，但她不知道原因。

在她的想法中，她喜歡自己的工作，擁有好朋友，為孫子、孫女忙得團團轉也讓她感覺充實而滿足。事實上，碧昂卡忙於協助他人解決問題，藉此逃避自己的問題，她完全不知道自己有什麼需求，也許從來都不知道。

我們的任務是重新拼湊出她的自我意識，這要從被她拋在一旁的感受開始。

依循感受，掙脫討好

傾聽自己的感受是討好自己的關鍵，感受能協助你判斷情況對錯，引導你採取合適的行動。碧昂卡這類討好者常常無知無覺，或只能察覺他人的感受，或者是將眾多情緒混雜在一起，因此惶然無措。

如果你的家人不會「回應」感受，你可能也學會壓抑，藉此融入家庭。憤怒？什麼憤怒？如果你無法察覺感受，那就無法做出回應或滿足情緒所傳達的需求，於是藉酒澆愁，以憂鬱麻痺感受，透過埋首工作轉移注意力。請觀察你的家人如何逃避感覺，你現在又是如何逃離感受。也許身旁的人一直鼓勵你講求實際、不要受情緒左右，所以你只顧著尋找解決方法，總是想要「修正」問題，即便問題是來自內心。

可能你的家人秉持性別刻板印象，例如「男生不可以哭」或「女生要溫柔」；或是文化教條，例如「英國人要沉得住氣」；又或者是年齡相關的規矩，比方說「囡仔人有耳無嘴」。若是如此，某些感受在你出生之前就已經被設下限制。

也許你被灌輸某些情緒是合理的，比如媽媽擔心東擔心西再正常不過，而爸爸開車時發飆情有可原。在這種環境下，你可能只學會一種情緒，而且以為所有情況都可以套用這種情緒。當你應該做出改變時憂慮不安，應該接受現實時卻大發雷霆。你感受到某種情緒，但這不是合適的反應，因此不論你採取什麼行動都徒勞無功，永遠無法鬆一口氣。

也許你必須負責照顧每個家庭成員的情緒、維持氣氛平和，或是扮演開心果逗大家開心。你忙著關注他人的需求，因此沒有時間傾聽自己。

重拾自己的感受

在療程中，我和碧昂卡一起回顧幾個早期經驗，當時她不知該如何表達這些事件帶給她的感受，不過現在她已經學會大方展現。

國小的午餐時間是她最傷心的一段回憶，當時碧昂卡大約八歲，朋友全都帶著精緻的塑膠便當盒，有著小巧的把手，就像小型行李箱一樣，便當盒表面裝飾著流行卡通貼紙，姓名標籤上是同學媽媽工整的字跡。碧昂卡說：「我從來沒有午餐盒，我的午餐都是裝在破舊的超市袋子裡。我記得我會把袋子放在大腿上以免被別人看到。」碧昂卡邊說，眼眶邊湧出淚水：「每天早上我都得自己從家裡翻出一些食物當午餐。我記得奶油總是太冰太硬，抹在麵包上總是七零八落，優格還會在袋子裡爆開，沾到書本上。如果早餐有沒喝完的牛奶，我就會帶到學校當午餐，不過我不知道要冰，所以到了午餐時間牛奶都酸掉了。」她的朋友會把食物一一放在桌上，碧昂卡只能瞪大眼看著這些點心所乘載的關愛與心思：切成各種形狀的果醬三明治、迷你盒裝葡萄乾、用閃亮鋁箔紙包裝的巧克力餅乾、附有吸管的果汁鋁箔包。她說：「現在想起來我很想哭。他們的媽媽做了那麼多，我自己的媽媽可能一整個禮拜都沒有下床。」

到目前為止，碧昂卡的憂鬱症狀抵擋了她傷心的感覺，不過該是喚醒這些感受的時候了，跟隨情緒的引導省思這些回憶，以全新的同情心看待撐過那一切的小女孩。

依循感受，採取行動

承認自己的感受只是討好者復元之路的開端。下一步是，我們該如何處理感受所提供的資訊。碧昂卡現在可以感受到喜怒哀樂，她可以開始思考自己當時的需求，也思索現在可以採取哪些行動來彌補。

如果我們不知道該如何採取行動滿足需求，那該怎麼辦？嬰兒時期的我們必須依靠他人滿足自己的需求：哭泣是為了改變當下的狀態，微笑或大笑是為了表示感謝並求取更多。不過成人擁有各種細膩的溝通技巧及資源，為什麼我們仍然試圖討好（或不觸怒）他人，想要藉此排解自己的感受？就算碧昂卡當時就瞭解自己有多難過，她也不知道該拿這份情緒怎麼辦，就連現在她也不確定該如何拉自己一把。

成長過程中接收到的訊息不僅可能使你壓抑感受，也可能抑制行動能力。我們要先找出碧昂卡為什麼會在不知不覺中喪失依循感受採取行動的能力，接著才能協助她朝正確的方向前進。

為什麼裹足不前？

如果你知道自己的感受，但不被允許為自己採取行動，你可能只能想辦法請別人幫你辦到。也許有人會勸阻你嘗試新事物或冒險，當你直接提出請求或挑戰家長的觀點時會被斥責；也許你的家長為你準備好一切，替你做出所有決定。你沒辦法直接表達自己的需求，因此只好採取旁敲側擊、生悶氣、奉承或討好的作法。如果你想要改變現狀，你唯一知道的辦法就是暗示別人替你做出改變，否則就只能放棄這個想法。

也許從來沒有人教你怎麼採取行動，你不知道該怎麼為自己挺身而出，所以即便察覺憤怒的情緒，你也不知道該拿它怎麼辦。也許你沒看過家長怎麼採取行動，他們可能相當消極、聽天由命，因此與其改變現狀，你選擇改變你自己，想辦法不要太在意。

不論是因為你從來不曾得償所願，或是認為自己不值得擁有不同的結果，如果你不相信可能發生改變，或不相信自己能造成影響，你很可能乾脆徹底放棄。你會轉為替別人付出，不論他人提出什麼選項都欣然接受，對自己的境遇甘之如飴。

可能曾有人教你錯誤的作法，比方說，遭遇惡劣對待時，他們要你「超然寬恕」或「打不還手」，而不是抵抗或為自己挺身而出。也許他們叫你傷心時不要掃別人的興，所以一直到現在你還是選擇自己擦乾淚水。

採取錯誤的行為或毫無作為就好像喝水充飢，或是對自己飢腸轆轆的聲音充耳不聞。碧昂卡以討別人開心為樂，或是說服自己沒什麼好憂鬱的，但這不是我們該採取的行動，這些作法無法解決問題。

碧昂卡的討好側寫

碧昂卡綜合多種討好側寫，她的目標是盡可能照顧更多人。她會討好朋友和家人，答應所有事情，想出各種讓大家都滿意的方法，這是碧昂卡典型討好者的一面；她也會為心目中更優秀的人犧牲自己，為他們含辛茹苦地付出，就像影子型討好者；她以安撫型討好者的手法維持家庭平靜，服侍陰晴不定的丈夫，她不願讓任何人失望，為了永無止盡的義務奔波，害自己精疲力盡。

如果她放棄與母親維持關係、放棄討好，碧昂卡可能會發展成抵抗型討好者。切斷與母親的聯繫雖然無法擺脫討好的壓力，但至少能透過逃避關係而稍加緩解。偶爾憂鬱症狀特別嚴重時，麻木與疏離感襲來，她會暫時陷入抵抗型討好者的模式。碧昂卡的母親可能就是抵抗型討好者，靠憂鬱症來掩蓋自己的脆弱。

不同環境因素的交互作用會產生不同樣貌的討好側寫，且可能隨著時間不斷變動。你也可以想想看自己早期人生的討好側寫，並思索現在的人際關係是什麼情況。

討好者的復元之路

透過療程，碧昂卡逐漸瞭解她內心的討好者是因應母親情緒障礙的產物，並將父親的討好行為當作樣本，發展成她今天的自己。而她現在的任務就是學習展現情緒，注意自己的感受並採取必要行動來照顧自己、支持自己。我們合作幾週之後，某次療程中，碧昂卡告訴我，她在市區大街上一間禮品店的展示櫥窗中看到精緻的「懷念校園時光」商品。她邊說邊從包包中拿出兩組繽紛的午餐盒和成套水瓶，一組要送給孫女，一組她要自己留著。碧昂卡終於開始學習討好自己，展現這全新的一面時，她止不住哭泣。

瞭解行為背後的原因有助於做出改變。藉由碧昂卡等案主的故事，我將帶領你走到幕後，一窺討好者的養成過程，瞭解討好行為對他們自己及周遭人們的影響，也探究是什麼契機，促使他們開始討好自己。我會和你一起探討這些經驗及教訓，協助你詢問自己一些「治療」類型的問題，引導你認識自己的感受，並指引你採取一些必要行動，讓你對自己的人生更感滿足。

瞭解過去的缺憾，我們才知道現在應該追尋什麼。一旦找到討好行為的創傷源頭，你的任務是療養傷口。過去你可能養傷失敗了，但如果你延續原本的情況，持續否認自己的需求，那你就等於辜負現在的自己。

我們可以修復創傷。每一次傾聽自己的感受並以真誠的方式採取行動，就是向自己傳達「我也很重要」的訊息。我們可以踏出一條新路，在此我們擁有感受的權利，這些感覺都是合理有據的，我們也可以採取有意義的行動來回應這些感受。隨著回應感受所獲得的正面經驗不斷累積，我們越有能力重複這種做法，進而產生正向循環。

在接下來的章節中，我邀請各位一起省思自己的早期生命經驗及行為。思考這些問題與習題時不用著急，慢慢來（建議準備紙筆），回想看看，你能否找出自己討好行為的源頭，思索什麼樣的背景造就今天的你。

你身為討好者的誕生

花些時間想想看，成長的過程中，你曾接收到什麼樣的訊息。

你能找出自己討好行為的源頭嗎？

也許你因為討好的舉動而獲得稱讚；你寫感謝函表示謝意、你願意分享、個性明理又貼心；或者是你一直是「乖巧」的寶寶、「體貼」的手足；也許你被貼上隨和、認真、好相處、合群的標籤，你的家長可能也是一樣。又或者你學會不要惹怒別人，也許你對於在家或學校中讓別人失望感到不自在。也許負面情緒令你沒有安全感，也許你的照顧者容易發怒，又或許你的手足搶先擔任叛逆的角色。也許別人都要你用腦袋思考，而不是放任情緒；要保持理性，不要情緒化。也許你學會避免惹麻煩或引發衝突；低調行事、維持氣氛和平；學會消失在人群之中或扮演次要角色。

你現在約略知道自己的討好行為是從何而來，請繼續想想看，為什麼會這樣？

長大成人後，你注意到什麼當時未察覺的狀況？

想想看，家長或照顧者是否出了一些狀況？你當時對這些情況有什麼認知？他們在什麼樣的背景中成長？意識到媽媽是慢性討好者，或爸爸是完美主義者，雖然這無法解除他們加諸於你的壓力，不過可以幫助你瞭解，他們這樣做，不代表這就是唯一的處世之道。瞭解這一點後，你現在可以做出改變。知道問題有多棘手後，你不必接下他們遞來的燙手山芋。

知道自己的討好習慣至少部分是來自幾十年前所接收到的訊息，那麼你也許就能瞭解，你長大成人後的生活很可能已經不再需要這樣的習慣。

現在想想看，關於感覺與回應感受，你被灌輸什麼樣的訊息？

你的感覺與行動是如何被打斷？

你當時能否傾聽自己的感受？關於這些感覺，旁人提供什麼建議？你怎麼回應這些感受？你對自己採取的行動是否感到滿意？也許旁人不樂見你這種感覺，或是你不瞭解，也不知道自己能夠或應該如何回應。也許你總是採取同樣的回應方式，然後得到同樣令人失望的結果；或許改變似乎是不可能的，因此你學會放棄。

如果你持續逃避感覺或忽視回應的選項，你能否找出是什麼障礙令你裹足不前？隨著後續章節繼續探討真實的感受及回應行動，你應該會越來越清楚該把重點放在哪裡。

發展出討好習慣的早期信念系統如果沒有更新，那我們長大成人後，即便有了工作、房貸及自己的家庭，仍會試圖博取爸爸媽媽的贊同——彷彿忍不住討好家長、渴求關愛的大孩子。

2／討好家長

小時候，我們都想要討好家長，這種行為再自然不過，孩子享受討好行為換得的讚美以及隨之而來歸屬感。不過人類不會終其一生持續討好家長，我們會成長，不再需要家長的照顧，獨立成人、建立自己的家庭，擁有自己的目標及優先順序。

不過有些孩子擺脫不了討好家長的行為。他們長大成人後，仍然持續尋求家長的認可，如果家長不認同他們的人生選擇，便會產生憎恨的情緒。更糟的是，他們在不自覺之中把成人生活中的其他權威角色假想為家長，永遠想要追求完美，藉此討好這些情境中的「家長」角色。如果缺乏外在權威角色，他們甚至會在自己心中假想一個嚴厲的家長，以供自己遵循。

「把外套穿上」

我和討好家長的案主合作時，會用以下「穿上外套」的例子來說明這個概念。回想小時候，你會穿外套是因為媽媽（或其他照顧者）叫你這麼做。你遵從她的指示，因為她是孩子心中的權威角色，她有權力與智慧指導你。

接著，你長大了一些。媽媽叫你把外套穿上，但這次你不服從。成長過程中會自然經歷幾次叛逆階段，第一次是開始堅持獨立性的幼童，第二次是青少年的叛逆期。這些時候你不願穿上外套，正是因為是媽媽叫你穿的。這種反應屬於良性的違抗，你逐漸建立起不同於母親的身分認同，長成獨立的個人。

現在你長大成人。如果你順利走過這些服從與違抗的階段，能與團體共處，同時又能保持獨立，那這時即便媽媽叫你把外套穿上，你還是可以穿上外套，不是因為必須服從她（或任何其他權威角色）的指示，也不必為了反抗而反抗，你可以自由選擇、自己做決定。你的選擇與她的贊同或反對無關，那是你自己的決定。你選擇穿上外套是因為，這是當時情境中合適的決定，不是媽媽叫你穿你才穿，不過你在權衡選擇時，可以考量她的意見；你也不必為反對而反對，如果她的指示正確，你也願意接納。

對孩童的成長來說，叛逆是一個棘手的階段，因為這違反我們融入群體的天性。幸運的話，我們的家長或照顧者會瞭解這是成長中正常且重要的歷程，並協助我們走過這個階段，即便對他們來說過程相當艱辛。他們會鼓勵我們表達感受，就算不認同，也會傾聽我們的觀點，肯定我們的經驗。他們會提供支持，允許我們展現差異與獨立，協助我們從錯誤中學習而不會使我們感到羞愧。

但如果家長自己就從來沒有叛逆過，因為他們當時不被允許呢？如果他們無法處理孩子強烈的感受，或太過擔心孩子離開或改變，擔憂這會對子女（或家長自己）帶來負面影響，這該怎麼辦？在這種情況下，他們可能會獎勵孩子服從，處罰反抗，或嘲笑孩子的與眾不同；他們可能過度管控，使孩子的行為限制在他們能從容應付的範圍內，長大成人後可能仍然背負這樣的期望重擔。

過度服從

長大之後，當權威角色下指令時，你還是會乖乖服從嗎？

想想看，當實際或比喻意義中的「家長」贊同你的選擇時，你有什麼感受？也許你喜歡對方同意或支持自己決定的感覺。如果他們不認同你的行為，你又會有什麼感覺？也許你難以違逆父母，不願看到他們反對的臉色；也許你不相信自己的判斷，因此依賴他們為你做決定；或是全盤接受他們的觀點，完全沒有意識到可能還有別的方法、更適合你的作法。

如果你只能依照家長的規矩行事，你可能會一直困在服從的階段。當你在選擇伴侶、思考是否辭職等其他成年人的決定時，如果不先諮詢某些外在權威會讓你很難受，不論對象是你實際的家長、Google大神或可靠的神奇八號球（Magic 8-Ball，編按：美國玩具公司推出的占卜玩具）。

如果大家都認同你的消費方式、教養方式，你會覺得舒坦；如果他們批評你的選擇或忽略你的意見，你可能會深感不快。也許你已經內化家長的對錯觀念，直覺據此行事；你不必實際諮詢他們，因為他們就存在你的腦袋中。你可能不自覺這種服從模式，即便家長過世後仍可能長久延續下去。

你沒有活出自己的人生，只是在複製他們的版本，因為你不想變成孽子，但其實失衡家庭中所謂的「不肖兒」反而是真正看清糟糕情況的人。

案例／**路克**

路克（Luke）體驗過服從的壓力。他成長的過程中一直向自己和周遭的人否認自己的同志性取向，試圖遵從雙親的期望，以及那個保守社會中廣義的家長式教條。

路克告訴我，他成長在美國的「聖經帶」（Bible Belt，譯註：美國南部篤信基督教的保守地區），社會不能容忍同志的存在。他曾和一位女子結婚，說服自己可以過著旁人所要求的異性戀生活，讓他母親抱到心心念念的孫子、孫女。長年擔任安撫型討好者的生活使他陷入憂鬱之中，後來有一位朋友說服他與諮商心理師聊聊。

路克痛苦地承認自己的人生是天大的謊言，隱瞞對一位男性同事的愛戀也使他非常難受，不過如果他將自己的性傾向公告周知，他所關心的人都會受到嚴重衝擊。

他保守自己的祕密，不過與妻子離婚，並搬到加拿大展開新人生，最後終於鼓起勇氣向好朋友坦承自己是同志的事實。他終於可以做自己了，但他仍然無法擺脫羞恥的感受。

我認識路克的時候，他在英國經營一家公司，當時正設法解決董事會成員之間的衝突。某天早上路克汗流浹背、氣喘吁吁地來到診間，笑著說他的教練又遲到了，因此健身課程延誤，只好匆忙從健身房趕來。路克是一位有自信的成功人士，不過當我提醒他，他其實可以請教練準時來上課時，他猶豫了。

他有點擔心地說：「要是他覺得我在批評他怎麼辦？」

我回答：「你是在批評他沒錯，他一開始會覺得受到批評，但那又怎樣呢？這是真誠做自己不可避免的情況，坦承可以讓人際關係更健康。」

路克對於挑戰任何形式的權威都會感到畏怯。他快要五十歲了，而他的父母仍然以為他是異性戀，他甚至會謊稱正和某個女生交往，以便取信父母。他內心某部分不想繼續欺騙父母，不過對後果感到害怕，他擔心使家族蒙羞，失去父母的稱許與關愛。所以他只說他們想聽的，並與父母保持距離，以免讓他們失望。他在工作上也是一樣，只向董事會透露他們想聽的事情，不過反而造成更大的問題。這就是我們療程的主軸：為了避免挑戰任何「家長」的觀念，路克願意否認或隱藏自己的需求。

去蕪存菁，只保留家長觀念中符合現況的部分

你可能和路克一樣，擔心不再服從家長可能摧毀你們的親子關係，即便你已經長大成人。如果你也是如此，你可能困在不健康的過度服從階段中。在生活各種情境中特立獨行或未能滿足旁人的期望時，你內心嚴厲的家長都可能讓你感到羞愧。

身為成人，我們必須以現今的角度審視過往的期望，思考並重新理解這些期望的合理性。討好者通常會全盤接受他人的觀點，不給自己思考其合理性的時間與餘地。我們必須篩選家長（以及其他具有權威地位者）的觀點，只挑出其中符合現況的資訊，不再切合實際的看法就讓它隨風而去。

不論路克能否下定決心處理他和父母之間欺瞞的關係，在他日常生活的其他關係中，他需要接受協助才能做出更妥當的決定。即便他選擇永遠不去面對父母原初的偏見，他還是可以在人生的其他面向（職場或健身房）擺脫權威角色的陰影，不再因提出異議而產生毫無必要的羞愧感。

家長之所以秉持某些觀念當然有其原因，我相信路克的父母也是。你可能無法在現實生活中與他們討論，釐清他們的早期人生經驗及成長背景，但你可以透過想像與他們進行有意義的對話，瞭解他們以某種方式看待世界的原因。

理解家長的環境背景

想像與家長討論他們設定某些規矩的原因，關於他們的情況與動機，你有什麼瞭解？

長大成人後，也許你會注意到一些小時候不瞭解的狀況。也許你會發現他們心中其實很焦慮、心事重重，因為恐懼及無知才想要牢牢把你抓緊。你要是知道他們缺乏必要的資訊或意識，並非可靠的裁量者時，也許就不會過於重視自己在他們眼中是成功還是失敗。或者，如果你可以從同理的角度重新傾聽他們的指示，瞭解他們已在現實資源的局限下盡力做出最好的判斷，你對他們的要求會不會有不同的感受？去除其他有害或過時的資訊後，也許你還能從他們的觀點中發現一絲智慧，看出他們的好意或些許道理。

聽過他們的說法後，也花些時間傾聽自己，回想你當時的感受，也思考你現在面對長輩意見或權威觀點的感受。回想你過去接收到的規矩並思考自己的觀點兩者有何不同？你們雙方之間可能有天大的差距，也可能只是些許不同，也許你可以在不令他們失望的情況下討好自己。我有一位案主是一個大學生，她以為自己應該每天打電話與父母聊天，不過後來發現就算一個月只聯絡一次，他們還是一樣開心，這使她鬆了一口氣。她爸媽說：「如果有一陣子沒聽到你的消息，我們知道那是因為你過得很開心，我們知道這樣就夠了。」女學生又驚訝又感到寬慰。

沒必要的自我批判可能使我們陷於僵化、不符合現況的情況中，阻礙更新人際關係的相處模式，使我們動彈不得，而未能發現**其實對方可以欣然接受我們希望的改變**。

討好自己不等於觸怒對方，討好自己和別人不一定是對立的。全盤否定家長所有意見不是消解討好壓力的方法，我們應該留下家長有用的建議，內化到心中。這些建議可能關於保護自己、注意安全與道德，例如過馬路時要小心、面試時要重視儀態，以及如何在社會中有效率地合作。除了家長確實疏忽或虐待的極端情況外，他們的觀念中通常還是有可取之處，但我們也必須有自主判斷的自由，才能挑出其中具有實用價值的建議。

我們必須修正小時候所接收到的長輩觀念，使之與時俱進，我們也應該知道，他們所奉行的規矩不一定適用於今日社會。現今已經不再需要當時保護名譽的必要措施，事實上，這些作法可能還有反效果。不受挑戰的長輩觀念是偏見與偏執的溫床，晚輩必須加以篩選，捨棄不合時宜的看法。

抵抗型討好者的反抗

如果你的家長直接提出意見與建議，沒有給你思考或更新的餘地，你又無法像路克一樣全盤接受，那你只剩另一條路：徹底拒絕。如果完全將家長的觀點排拒在外，我們可以躲開隨之而來的批評與管控，但我們也沒辦法洞悉其中的智慧。

完全拒絕家長的意見容易發展成抵抗型討好者的模式。這麼做無法免除討好的壓力，然而在驅逐所有批判觀點的同時，我們把其中有益的建議連同無用意見全都掃地出門。

為了逃避家長的批判，我們也未能誠實地自省，迴避良心以及基於良知應該承擔的責任。在此過程中，我們關閉心中做出明智決定並保護自己周全的那一部分。就像一個永遠長不大的小孩，如果有人叫我們穿上外套，我們就絕對不穿，即便這可能使我們暴露於風霜之中無法禦寒。

如果你屬於抵抗型討好者，你可能會不假思索排斥父母的意見，我行我素，即便他們的話確有幾分道理。你不願遵從，只能反抗，但這麼做也無法討好自己，就像佛雷澤（Fraser）一樣。

案例／**佛雷澤**

佛雷澤的父母把他送到寄宿學校時他才六歲。爸爸開車離去前囑咐到：「要讓我們以你為榮，不要哭了。」佛雷澤再次見到爸媽和妹妹已經是一年之後。佛雷澤記得，讀著媽媽的來信時，他的眼眶總是盈滿淚水，使他看不清字跡，信中內容總是爸媽和妹妹一家三口的快樂家庭生活，彷彿他在不在場都無關緊要。佛雷澤告訴我：「我沒辦法和別人訴說自己的感受，我只能照常過日子，否則就會被嘲笑或懲罰。我假裝他們都死了，這樣還好過一些。」

這不是佛雷澤第一次被父母刺傷。早在被送到寄宿學校，家人開車離去，放他一個人那天之前，佛雷澤記得另一次被排拒在外的椎心感受。

他笑著跟我說這件事：「我記得有次問我媽，小孩子有時候就會問這種假設性問題：『如果家裡著火了，你只能救我或爸爸，你會救誰？』」

「我媽考慮了一下說：『我當然會救你們兩個啊。』」

「我繼續追問：『不行，你只能救一個人。』她回答：『喔，這樣的話，我會救爸爸吧，反正我們還有另一個小孩。』」

佛雷澤很小的時候就找到方法依靠自己過活，他形容自己「六歲開始自立」。他拋下所有對父母的信任，透過忤逆他們、違背他們的期望而獲得寬慰。如果爸媽一點都不在乎他，佛雷澤也要求自己不能在意他們。他開始處處違反規定、和其他男生打架，老師對他束手無策，氣急敗壞地打電話給他父親告狀時，佛雷澤尤其沾沾自喜。

他繼續破壞規矩，最後因為期末考作弊而被踢出學校。他告訴我：「我其實不必作弊，我書讀得很好，我們都知道我可以考很好，但我只是想知道自己能不能作弊而不被抓到。」他這一生就是不斷的叛逆、自毀前途，現在他發現自己孤單一人。由於無法獲得父母的關愛，他一生的目標就是反抗他們以及任何試圖馴服他的人。

感受埋藏的情緒

佛雷澤講述小時候與母親的對話時，我驚訝得一時之間說不出話來。

他試探地問：「你安靜了好久。」他的嘴角仍在微笑，不過眼神多了一絲憂鬱。

對佛雷澤來說，自己的人生經歷帶給旁人衝擊是他打開塵封已久情感開關的重要第一步。坐在我對面，看著我震驚的表情，透過旁人的眼光，他又再次經歷被拋棄的感受，然後開始翻出埋藏多年的憤怒與悲傷。我們花了好幾週把受傷的那個小男孩帶進療程中，給他消化悲傷與失落的空間，讓他感受這一切，而不是只是一味反抗。

透過療程，佛雷澤逐漸學會再次感受，承認多年來所背負的痛苦以及依附障礙所帶來的失落。他後悔沒有生兒育女，因為擔心自己重蹈父母的覆轍而不敢養育下一代；當他所愛的人要求他許下承諾時，他卻反射性地終結關係，佛雷澤對此也深感懊悔。

在療程的安全空間中，佛雷澤重新獲得感受的許可，他逐漸接受抵抗型討好的行為模式所帶來的阻礙，瞭解他原先可能擁有的境遇及現實情況。他意識到自己把反抗、抽離與自我毀滅當作防衛的手段，保護自己免於遭到拒絕或他人的刻薄對待。結束療程時，佛雷澤正準備到紐西蘭度長假探訪妹妹，他對修復關係充滿期待，也準備好重新建立人際聯繫。

你心中的「孩子」有何感受？

如果你在自己身上看到抵抗型討好者的特徵，想要說服自己不要在意他人眼光，你可以想想看，自己是想要藉此將什麼感覺阻擋在外？也許和佛雷澤一樣，你曾遭受拒絕，因此以叛逆與冷漠將自己層層包裹起來，藉此抵禦痛苦。

佛雷澤小時候被迫隱藏自己的感覺，不過長大成人之後，重新喚醒這些感受是踏上復元之路的先決條件。重新認識自己的感受也許也是你復元的關鍵。

想像自己小時候，問問自己，你那時候有什麼感覺？

你能否讓早年的感覺再次浮現，不過這次不要再置之不理，別再忽略這些感受所要傳達的訊息。這些感受值得獲得認可，之所以會出現這些感覺一定有其原因，即便你當時不知道。

探詢自己過去的感受是在傳達什麼需求，並採取行動，滿足自己當下情感的需求。別讓抵抗型討好者再次說服你封閉自己，當你學會討好自己後，你就不需要透過抵抗來保護自己了。

祕密與謊言

還有第三種討好家長的模式，他們同時扮演服從與抗拒兩種角色，不願遵守規定也不願反抗。以兒童和青少年來說，他們表面上會服從，背地卻又默默反抗。

他們學會隱瞞真相，操縱家長以便達到自己的目的。他們無法直接表達自己的需求，反而透過鬼鬼祟祟、兩面討好的策略欺瞞握有權力者，並辯解這是他們唯一的選擇。青春期的同儕壓力使情況進一步惡化，討好家長的同時，他們還得面對討好同儕的新壓力。

長大成人後，他們不願妥協，卻也不願公開違抗，因此繼續透過說謊達到目的，或脅迫家長（及其他權威角色）認同他們的說法。他們不會吐露完整事實，而是向握有權力者粉飾真相，散播誇大或真偽混雜的陳述。他們不僅對外在的家長如此，甚至會開始向自己與內心的家長隱瞞事實，向自己的良知保密。他們認為自己「應該」做某事，因此否認自己其實「想要」另一件事，但最後他們還是臣服於自己的願望，只不過是隱密、消極或叛逆地進行。這些家長討好者不知道錯誤是成長過程中自然且可以被原諒的一部分，不知道要從錯誤中學習，往後才能根據此作出更好的決定，他們反而斷絕自己的欲望。表面上，他們看起來可能像是典型、影子型或安撫型討好者，不過內心其實是不為人知的抵抗型討好者。

我們身邊都有這樣的家長討好者，他們不僅用這種方式對待家長，也會以同樣的方法對待我們，將我們投射為家長那種好批判的角色，他們不希望惹我們生氣，所以會騙我們再十分鐘就到了，實際上還要再一個小時；他們會隱瞞一個問題，但在此過程中捅出更大的婁子；他們會假裝忘記和我們有約，但其實是同時間有更重要的安排；他們口中會向我們道歉，但不會採取任何進一步的行動以避免同樣狀況再次發生。

如果你就是這個樣子，該是改變的時候了。你渴望獲得自由與無條件的接納，但向自己和他人隱瞞自己真實的樣子無法達到目的，更會妨礙你看清自己的選擇是有益還是有害，反而只會加深困惑與羞恥，這些情緒可能早已充斥你的成長過程。

案例／**索拉雅**

索拉雅（Soraya）嘗試遵從母親的期望，不過她內心的破壞者沒那麼容易屈服。

索拉雅十一歲時讀到英國女性雜誌《Woman's Own》中的一篇文章，主題是控制熱量的飲食法。索拉雅知道自己體型比朋友稍大一些，也絕對不如英國青少年音樂雜誌《Smash Hits》中的模特兒和流行歌星纖瘦。

索拉雅抄下雜誌文章中建議的低熱量食物，加到每週的購物清單中。下一個週末，索拉雅開始根據雜誌上的飲食計畫準備午餐，不過母親看了一眼索拉雅餐盤中的蘇打脆餅和茅屋起司譏笑道：「我不需要減肥餐的人都覺得你吃太多了。」

索拉雅的母親非常嬌小，而且現在回想起來，很可能也有自己的飲食障礙問題，不過索拉雅當時不知道，她只聽到媽媽要她吃得再少一點，三片蘇打餅乾簡直是暴飲暴食。

家長帶來的心理傷害通常是在無意間造成，而且通常是一些小事，像是脫口而出的評論或不自覺的翻白眼動作，就會讓孩子對自己的行為感到羞愧。我確信如果索拉雅的母親聽到女兒在療程中的談話，知道自己針對餐點份量的評論讓女兒有多傷心，她一定會悔不當初。

索拉雅還記得其他類似評論：她生病時，母親為了提振她的心情會說：「至少你可以瘦下幾磅。」或是在她減掉一個衣服尺碼，需要新衣服時，帶她逛街購物當作「獎勵」。在此同時，索拉雅生活的環境中充滿其他未言明的訊息，例如餐後母親餐盤上殘留的食物份量，或是看到電視中過胖的人所露出的嫌惡表情。就和多數十一歲的小女孩一樣，索拉雅希望自己像母親一樣，她開始進一步限制自己的熱量攝取，享受飢腸轆轆的感覺。隨著體重下降，索拉雅不斷調降目標體重，設定的減重數字毫無邏輯或科學依據。索拉雅運動的時候，母親會稱讚她為了「培養食慾」而努力，或是「賺到」當天攝取熱量的權利。

不論索拉雅多麼嚴守紀律，不可避免會碰到撞牆期，使她無法繼續挨餓下去。這時她就會開始暴飲暴食，大啖之前不允許自己享用的各種食物，把零用錢全都花在巧克力棒上，再把包裝紙藏在床下，於是索拉雅減掉的體重又都回來了。食物變成她的敵人，每次吃東西都必須與內心的意志力苦苦搏鬥。她為自己設下越來越嚴格的規定，將母親的聲音內化到心中，用來嚴厲苛責自己。當規定難以再遵守下去，索拉雅就會以叛逆行為毀掉自己的努力，反抗現實生活中的父母及心中嚴苛的爸媽，狼吞虎嚥禁忌食物，同時吞下同等份量的羞愧感。

保護與接納的回應

索拉雅二十幾歲的時光都是在這種循環中度過，不過手段越來越極端。她會以激烈運動與斷食來討好母親，喪失意志力後，又會陷入暴飲暴食的抵抗型討好模式。她一天會量好幾次體重，體重計上的電子讀數可能使她墜入谷底或欣喜若狂。她對朋友說謊，隱瞞自己的行為，當男友質問她為何心情擺盪如此劇烈時，她會變得暴躁易怒。

最後她開始接受諮商，不過不是因為飲食問題，而是憂鬱症。我們花了好幾週才開始談論到她與食物的關係，還有更關鍵的母女關係。

我問：「達到目標體重後，你覺得你會有什麼感覺？」

索拉雅不假思索地回答：「我會很開心，好像我終於達到夠好的標準了。」

索拉雅討好母親的欲望使她陷入自毀的行為模式中，把她的自我價值與體重計上的數字綁在一起。

實際上，索拉雅原本就夠好了。她後來逐漸意識到，她試圖討好母親，但母親自己也被早期人生所接收到的極端自制與紀律訊息困住。

我們討論到，如果索拉雅的母親當時以保護與接納來回答她，那會是什麼情況？如果索拉雅拿著雜誌上的飲食計畫去找母親時，她的回答是：「你不需要節食，你不必改變，我愛你原本的樣子。但我想知道，為什麼你會覺得自己需要改變外貌？你願意談一談嗎？」如果媽媽這樣回覆，索拉雅擔心自己不如同儕的恐懼都會消散而去，接下來的人生也會對自己有更進一步的認識與接納。

索拉雅的母親錯失機會，未能協助女兒面對信心不足的危機，也許她自己也感到不足，因此無暇顧及女兒。索拉雅十一歲的小小腦袋相當孤獨，而她只好用自我批評來填補空缺。

神奇的話語

索拉雅想像母親對她說的話充滿關愛與肯定，其中的字詞可能引領她踏上一條完全不同的路。**我們希望家長對我們說什麼，那正是我們必須對自己說的話**。我們可以走出一條新路，擔任自己小時候所需要的那種家長。

也許你記得家長某個令你傷心的評論，使你陷入不健康行為的話語。那句話今天仍影響著你嗎？現在想一想，你當時其實希望聽到什麼？什麼話語能使傷口癒合？

你希望從家長口中聽到什麼神奇話語？

也許是「你已經夠好了」、「我們愛你、接納你原本的樣子」，或者是其他修補的話語，例如承認自己的錯誤，或者是坦誠他們也有自己的困境要面對。你可能永遠不會從真正的家長口中聽到這些治癒創傷的話。他們可能不瞭解這些話的重要性，或是無力說出口。造成創傷的人無法使傷口癒合，這些話也無法回到當初你需要的時候，這些現實很令人難受。

不過如果我們能接受這個現實，那我們就能放下過去，著重在現在可以治癒的部分。我們可以停止討好家長，不再盲目地希望總有一天我們做得夠多了，他們就會說出我們渴望聽到的話；我們可以停止以新關係填補空缺，這些關係沒辦法治癒我們；我們可以停止以過時的價值條件來審視自己，這只會讓我們自慚形穢；我們可以停止討好別人，開始討好自己。

既然我們會將負面的家長內化到心中，那麼我們也能以正面的角色取而代之，後者將能對我們說出那些神奇話語。如果你為當時的經歷感到憤怒或悲傷，有必要的話，你可以儘管宣洩這些情緒。不過發洩過後，請放下過去，然後**對自己說出那些神奇話語，想說幾次就說幾次：你原本就很好了，一直都很好**。

聽取其中的一絲道理

在這些案例中，不論是服從、反抗或隱瞞，路克、佛雷澤和索拉雅小時候都以為自己必須這麼做。在各個案例中，孩子的行為都受到家長認可的牽引。我們過去討好家長，而長大成人後，如果要實質地討好自己，就必須從他們手中接下「認可自己」的責任。

隨之而來的一項重大責任是，在適當情況下，我們也必須「反對自己」。也就是說，我們不能自欺欺人，不能維護自己的負面行為，也不能因為不必再討好他人而胡作非為；我們必須自制，誠實面對自己的行為對他人的影響，但不必以討好或不要觸怒的角度處處局限自己，而是要獨立判斷他人的言論有無道理。這樣一來，我們就能逐漸建立起成熟的道德羅盤，協助我們兼顧他人與自己，採取合宜的行動，成為能夠體貼他人又討好自己的成年人。

身為成人，我們有能力在做決定之前周詳地思考他人的觀點，因此不必擺出不在意他人觀感的輕率態度，也不必妄自尊大，以為自己不須向任何人負責。**討好自己的真諦是付出適當程度的關心，傾聽他人的觀點，不過不至於完全失去自己的立場**；找到適合當下情境的平衡，合乎時宜與目的。

家長、其他權威「長輩」角色，或是你自己的良心所傳達的訊息很可能不無道理，如果你一心想要逃離，可能忽略其中的智慧。堅持自己的信念也同樣重要，如果你永遠只想當個「乖小孩」，因此無視自己的經驗累積而來的智慧，那就太可惜了。**總有一天，你的見識會比家長還廣**，這是很正常的，大家最終都會超越自己的家長。

論平衡，如何拿捏分寸？

想像一個情境：有人要求你做某件事，情境可能是職場或家中。你不能單憑理性做出反應（也就是告訴你應該怎麼做的權威聲音），也不能完全跟著感覺走（表明自己欲望的聲音），這個決定必須兼顧雙方。討好自己時，我們總會問：「關於平衡，此處最重要的是什麼？我有哪些選項？什麼是最合適的行動？」

也許不會有完美的結果，也許不完全符合你的期望，不過這可能是當下情況中最合適的選項，也是你最好的選擇。學習做出面面俱到的合適選擇，是討好自己的先決條件。如果你能做自己，出發點既不是完全服從，也不是為反抗而反抗，更不是表面服從但背地反抗，那你就有把握你是從面面俱到的成人角度做出這個決定。

如果你從合宜的成人角度出發，選擇不穿上外套，的確，你可能會惹家長（或其他代表權威的角色）不開心，你可能感覺不被瞭解或接納，甚至不被喜歡。不討人喜歡不會少一塊肉，但的確令人不好受。不過如果你有把握自己是基於正當的原因做出正確的選擇，難受的程度會降低。

關於原則有一個定義我很喜歡，是這樣說的：「紀律是瞭解自己『現在想要』的事物與『最想要』的事物之間的區別。」紀律通常隱含僵化、限制的意思，不過我喜歡這則定義，因為其中包含自我管控、自我節制的哲學，同時也是一種實質討好自己的方法。你可以完全依照自己的想望行事，但如果代價是人際關係，也許你「最想要」的是找到妥協。同樣的，你可能「當下想要」繼續忍氣吞聲，但如果你「最想要」的是人格尊嚴，與對方起衝突可能是划算的代價。誠實面對自己的想望，考量自己決定的後果，這能引領你朝「正確」選擇更進一步。

關於被討厭

學習被討厭能令人感到輕鬆暢快，對我們自己與身邊的人來說都是如此。其他人如果瞭解，「可以接受被討厭」的目的並不是違抗或控制他人，也無意反對或不敬，而是希望生活方式真誠、明確、能夠騰出援手、能夠對自己負責，那就能去除人際關係中討好的有害副作用。

如果我們依照家長的意見過活，或是聽從成年後其他占據這個權力地位的角色，就等於放棄個人的自主性。若是放任這種狀態繼續發展，不斷討好的成年大小孩只能蹲踞在其他人的陰影之中，彷彿無國籍者，依賴別人的需求與感受生活，躡手躡腳地照顧他人的需求，沒有安身立命的尊嚴。

也許，你討好家長的行為反而妨礙你在現實生活中和他們建立成熟的關係，他們也許希望認識真正的你。你年幼時，他們必須負責扮演家長的角色，也許他們現在想要卸下這個責任。也許他們沒有察覺過去傳達什麼樣的信號給你，只是在回應自己潛意識中的信念。他們現在可能樂見你培養出自己決定、做主的能力。**當你顯露出過去隱藏起來的那一部分，也等於允許他們展現真正的自己**。

討好自己，而非他們，雙方反而都能獲得自由，建立真誠的聯繫，藉此以有意義的方式確保未來關係的穩固。因為他們越能看清你真實的樣子，就越能向你展現他們自己真實的模樣，雙方就越有機會建立真誠的聯繫。

當我們重拾感受的能力，為我們自己的行為負責，甚至接受被討厭，我們就能在人生各個面向建立更令人心滿意足的真誠關係。下一章，我們將討論如何透過討好自己而與對方成為更好的朋友。

3／討好朋友

我花了好幾年才發現我不喜歡身處團體之中。我不喜歡派對，就連 WhatsApp 的群組聊天室都會讓我直冒冷汗。也許是職業的關係，或是因為我的原生家庭規模小，大家庭成員多半居住於國外，總之我偏好親近的一對一交流。我真正喜歡相處的人一隻手就數得完，我的朋友不太分親疏，就只有一群好朋友。其實我的交友原則相當簡單：我願意為你赴湯蹈火，否則我就根本不在乎。也不是說如果你屬於後者我就不喜歡你，我們只是不是朋友。也許是因為我對朋友異乎尋常地忠誠（畢竟你不會隨便為任何人赴湯蹈火），也可能是因為人際交流已經是我週間工作的主軸，週末時我比較希望和家人相處，而不是參加社交場合應酬。

幸好，我最好的朋友知道這一點，也願意接納我原本的個性。不過和我相反，她很愛辦派對，但她給我的邀請函總會提供額外的選項：「附註：不用有壓力，不參加也沒關係！」我們對高品質相處時光的共同想法是共度迷你假期，整天待在飯店房間內叫客房服務，狂嗑實境電視節目，穿著家居睡袍消磨時間。你可能以為我們在吵架冷戰，因為我們一整天都在做自己的事——她上健身房，而我好好泡個澡；或是我出門慢跑，她查看電子郵件。事實上，在這樣的友誼中，我們允許彼此討好自己，這是無價的寶貴關係。

過去我曾困在討好的友誼關係中。友誼的規則通常不像感情或雇用關係那麼明確，友誼可能讓你備感應酬的壓力，卻又沒有明確的結構或保障。我以前會盡力讓對方感到輕鬆自在、講笑話打破沉默，或為苦惱的人提供建議，不過其實我並不是每次都非常情願這麼做，有時候甚至害自己陷入兩難的處境，因為我只是想表達友善，但對方以為我想要交朋友，而我內心的討好者又不希望讓別人失望。

朋友不是家人

我們無法選擇家人，但可以選擇朋友。從許多方面來看這都是優點：我們可以決定是否建立友誼，自行選擇花時間相處的對象。另一方面，友誼沒有終身保固，家人永遠是家人，但朋友就不一樣了。友誼需要維護，而討好者常藉由討好來獲得關係穩固的安全感。他們不停詢問怎樣才算是對友誼合理的維護與討好，如果朋友來自不同環境背景，對於友誼的想法不同、對討好的定義也不一樣時，這會使討好者感到不知所措。

友誼的基礎是雙方目標有部分重疊之處，於是兩人可在折衷之處愉快地相處。不同友誼會有不同程度的重疊，有些隨興的朋友適合一起上健身房，或是週日下午一同觀看足球賽；或者，幸運的話，我們會遇到可以分享內心想法與感受的好朋友，終身享受彼此的關愛與支持。不論重疊部分大或小，只要沒有任何一方屈就另一方，一切就都沒問題。

不像家人，朋友不必一輩子綁在一起，彈性也是友誼的美妙之處。朋友不是家人，不是終身不變的關係，因此理論上，壓力也小得多。如果發現重疊之處逐漸縮小，或環境背景發生改變，對方不再重視這段友誼，我們可以放下這段關係結交新朋友。

只要討好習慣沒有因為關係即將結束而陷入恐慌之中，我們就能優雅道別。討好者已經太習慣忽略自己的需求，只在意照顧別人的感受，因此忘了**只要友誼不再適合自己，我們隨時可以主動畫下句點，這樣才能騰出空間，讓合適的人走進我們的人生**。如果我們太過努力討好別人，可能忘了問問自己：對方到底值得嗎？

共生友誼

在討好關係中，我們經常聽到「共生」（symbiotic）和「共依存」（co-dependent）這兩個詞。在自然界中，共生是兩種生物之間互利、互賴的關係。在心理學方面，這兩個詞指的是依賴對方提供維生資源的不健康關係，這裡指的不是需要食物與庇護的嬰兒期依賴，而是沒有學會獨立情緒能力的個人，長大成人後仍會需要他人充當情緒鷹架。

案例／**薩瑪拉**

薩瑪拉（Samara）和露西（Lucy）從學童時期就是好友，但薩瑪拉逐漸發現，這段關係的前提是她努力付出、不求回報。

從薩瑪拉有記憶以來，她一直為朋友提供所需與協助。露西是她小學結交的朋友，總會向她尋求建議與支持，薩瑪拉也樂於伸出援手。露西常說，薩瑪拉就像她從未擁有的姊姊一樣，而薩瑪拉也很喜歡受到重視的感覺。露西模仿她的髮型時，她覺得自己的審美受到肯定；露西跟隨她的腳步成為教師時，她也備感榮幸。她甚至幫助露西在自己的學校找到一份工作，也大方為她指點訣竅。

薩瑪拉類似典型討好者。她喜歡陪伴、支持露西的感覺，大方分享自己的教科書和課程計畫，約喝咖啡，並幫露西檢查作業，露西碰到問題時也會第一個打給她，露西會說：「我沒救了」、「你好厲害」或是「我只有你可以求救」。薩瑪拉感覺很窩心，感覺自己被需要。

有時候，要到關係出現變化，我們才會看清它的本質。薩瑪拉的男友是她另一個必須討好的對象。她努力討男友開心，但男友好妒、占有慾強，無數次指控薩瑪拉不忠誠，後來她終於下定決心結束關係。分手後，露西卻站在她男友那一邊，令薩瑪拉大感失望。

二十年來，薩瑪拉不斷為這段友誼付出，她以為自己有需要時，露西一定會不假思索伸出援手。薩瑪拉沒有意識到自己期望露西的忠心做為回報，期望落空時，她感覺遭到背叛，因此開始疏遠露西，轉向其他朋友。

薩瑪拉抽離之後，露西越來越懷有戒心，到後來，她們的關係更像是敵人而非朋友。薩瑪拉不再提供資源與協助後，露西開始挑她教學的毛病，在教養子女的能力方面與她暗暗較勁，在共同朋友面前讓她難堪。當薩瑪拉遇到困境時，露西落井下石，薩瑪拉對她無止息的較勁行為感到傷心又困惑。薩瑪拉氣急敗壞地對我說：「我不懂耶！就好像如果我得到九十八分，她非得考到一百分不可。」

我們的人生電影

為了幫助薩瑪拉瞭解情況，我請她想像自己的人生是一部電影，注意其中一再重複的情節與角色，看出其中不可避免的結局。

我們都是自己人生電影的主角，照著我們熟悉的劇本演出，以我們期望的結局拉下劇幕。我們結交的朋友會在電影中演出幾幕，我們也會是對方電影中的角色。有時友誼的情節療癒人心，不論對方是終生好友或是過客，他們可能提供我們所需，帶給我們友誼的贈禮。

如果討好者沒有意識到自己的行為模式，那他的電影中永遠會有討好對象的空缺。討好對象會直接進入被討好的角色，在無意之中，雙方都照著過去習慣的劇本演出。在這種情況中，雙方的互動有害而無益，強化一種熟悉而不健康的模式——我們以固有的模式對待對方，也對他們的回應方式懷有預設想法。

薩瑪拉在療程中談到她的感受時，我們深入剖析她和露西的複雜關係，仔細檢視她的人生電影。薩瑪拉逐漸瞭解她和露西多年來維持著一段共生友誼，但她後來單方面破壞平衡，因此遭到懲罰。

「她非得當上最棒的母親或最受歡迎的老師……否則她就非得是最拚、最委屈的受害者。她好像以我的痛苦為樂。我以為我們是朋友，但多數時候，她的行為讓我覺得她根本不喜歡我。我贏不了。」

「我贏不了」，薩瑪拉不是第一次出現這種想法。我們一起回想她什麼時候也曾有過這種感覺，尋找劇本中哪處她也注定成為輸家。要瞭解現在的緣由，我們必須檢視她早期人生的電影，瞭解她過去曾扮演什麼角色，對其他配角有什麼期望。

薩瑪拉有妹妹，她必須照顧她們。她心甘情願地照顧妹妹，也自豪於自己的「成熟和貼心」受到母親的稱讚與賞識。薩瑪拉擁有照顧別人的非凡能力，這是她的獨特之處，長大成人後，她在不知不覺中發展出影子型討好模式，成年後仍繼續尋找其他願意扮演「被照顧者」角色的人。

小時候，薩瑪拉不曾分析過家中的互動關係，不過現在回想起來，她從來不覺得自己原本的樣子受到重視，家人肯定的是她的無私與慷慨。為了討好媽媽，她會把妹妹的需求放在優先位置。她會縮小自己，照亮妹妹，藉此討媽媽歡心。充當別人的支柱時，薩瑪拉心裡的影子型討好者覺得很開心。

露西不在診療室中，無法和我們分享她那一方的說法，不過薩瑪拉是她多年的朋友，因此也知道露西人生電影的部分情節。露西的爸爸長年不在家，而媽媽總是心不在焉。露西必須自己尋找出路，對於父母未能盡責為她提供指引和照顧感到忿忿不平。薩瑪拉從學童時期就開始扮演露西母親的角色，代替她真正的母親照顧她、當她的楷模；另一方面，露西扮演薩瑪拉另一個高需求的妹妹，讓她行使照顧的義務。

共生友誼似乎可以順利地共存好一段時間，直到生命出現變化，雙方扮演的角色不再互補。原本行得通的模式在小孩出生、有一方離職或搬家以後就不管用了。以薩瑪拉的例子來說，這段友誼在她沒有自己的情緒需求、願意單方面付出的時候一切順利，不過當她開始把自己置於優先地位時就開始分崩離析。當一方切斷原本的供應，或是改變互動模式時，就可能觸發另一方被拋棄的感受，導致暴怒的防衛反應。雖然他們的憤怒來自過去，就像露西不滿的其實是自己的母親，但發洩的對象可能是現在扮演那個角色的人。

注意一再上演的劇碼

如果某個朋友常想約你碰面，以這個例子來說，對方的關注可能曾經讓你覺得備受重視，但隨著年紀漸長，你可能不再這麼想。或許，你忍不住要滿足某個朋友的需求，期望對方會因此感激你，一次也好。這時一再重複的戲碼又要開始上演，我們在不知不覺中複製了成長過程中熟悉的互動關係，不過背地暗自期望這次結局會有所不同。

友誼中的雙方建立起這段關係都有自己的目的，也許是追求對方的肯定，又或是填補自己早年未獲滿足的需求。但由於我們進入這段關係是出於某種自己沒有意識到的理由，我們很可能會把過去熟悉的負面互動模式帶進來，而無法打造出期望中的嶄新療癒經驗。

在無意識之中重複相同的行為模式時，**我們的行為和以往沒有兩樣，當然也無法得到不一樣的結局**。

討好者的朋友中很可能有不少人需要高度情緒安全感或關注，當討好者無法獲得期望中的回報時，這份反彈會讓他們格外痛苦。這種痛苦不只來自當下的事件，更會喚起過去的感受。人類加入任何群體時，不論是友誼、體育隊伍或工作團隊，我們會帶入早期群體——原生家庭——中的互動模式。這並不是有意識的行為，不過我們會藉此摸索出各自扮演的角色及互動方式。這是人類演化出的智慧工具，用來預測敵友，並據此調整自己的行為。當我們釐清對方之於我們的關係時，假設某人令我們想起自己的姊妹或父親，我們可能也會在無意識之中期望對方能擔任一個稱職的姊妹或父親，彌補自己原生家庭關係中的缺憾，改正原本的錯誤。

你可能知道別人人生電影中的情節，也可能一無所知，不論如何，在失調的友誼中，你並不是自己真正的樣子，而是被分配到某個角色——拯救主角的英雄或來自過去的反派。你無法決定對方要重播什麼劇碼，但**當你發現自己的人生電影正在重複上演什麼情節時，你可以改變自己扮演的角色**。

播放預告片

即便你不太清楚對方人生電影的情節，你還是可以假設他們也有自己的電影。

想起一位你覺得相處不易的朋友，花一些時間播放他們的人生預告片，片中可能會出現哪些情節？

也許你可以看出其中熟悉的角色和劇情。要知道，你只是在對方的場景中扮演一個角色，如果這段關係對雙方無益，請允許自己離開；如果你不想扮演對方分配給你的角色，請勇敢放手，尋找其他樂於接納你的關係，讓你自由自在扮演一位理想的朋友。

現在請以負責的態度，播放自己的人生電影預告片。

你能否看出重複上演的友誼情節，看出自己一再扮演的角色？你是拯救世界的英雄？還是需要別人介入拉你一把？觀察你過去分配給朋友的角色，詢問自己，他們對你有什麼意義？他們是在代替誰的角色？可能是家長或手足、過去的另一位朋友，或你期望自己仿效的楷模。

薩瑪拉可以告訴露西自己感覺遭到背叛。如果她把真實感受說出來，她們就可以重建平衡的關係，也或許露西從來就不想要和薩瑪拉維持一段平等的關係，她只希望薩瑪拉不求回報，單方面滿足自己遺留在童年的需求。而現在薩瑪拉開始討好自己了，露西大概不會是合適的朋友。

有時候，我們確實需要疏遠某些人，不是因為我們不夠關心，而是因為對方毫不在意。如果朋友的行為彷彿不把你當一回事，他們就是真的不把你當一回事。揮別他們吧。**你不會失去朋友，而是會發現，他們從來就不是你的朋友。**

結束友誼

結束友誼需要勇氣，但如果這段關係已經自然而然走到盡頭，或是出現無法化解的衝突，結束友誼並不代表失敗。就像蛻皮，如果友誼像是不再合身的外殼，你可以蛻去這段關係，家人關係就沒有那麼容易斷絕。最難改變的友誼常是小時候建立的，因為當時要包容對方的需求比較容易。在你有了伴侶、工作或子女之後，之前建立的友誼互動模式通常會需要改變或是畫下句點。要求自己遵守過時的協議不健康也不恰當，因為你不像以前一樣有多餘時間或資源，無法再維持多個友誼或把行程塞滿。終身的人際關係通常是在成人時期才展開，因為這時我們才比較瞭解自己以及自己所重視的事物。友誼光有共同的回憶並不夠，現在及未來也要有共通點。

這不代表結束友誼很容易。朋友可能把賭注押在我們身上，而我們無法回報他們的期望。當我們改變態度或角色時，對方可能像露西一樣感覺被排拒，如果你們的友誼是對方人生電影中正在重演的情節，關係的結束可能正是對方所害怕的結局，對方可能反對、抵抗。當他們使出廉價伎倆，想要使因你感到羞愧，而回到原來的角色時，你要看出這是電影中的「劇情轉折」，接下來可能有兩種發展：我們可以回歸原本的角色，繼續照劇本演出，暫時放下終結友誼的行動，迎接預料之中但不快樂的結局；我們也可以藉此機會看清自己正在重演老劇碼，並把握機會做出改變。

對方的演員名單中可能出現空缺，但這沒關係。不論我們原本扮演什麼角色或滿足什麼需求，當我們離開後，他們可以藉此機會釐清自己不快樂的真正來源：不滿意的感情關係、擔任家長遇到的挫折，或是無趣的工作。對方對友誼的要求比我們多，或者是我們主動選擇退出這種共依存關係，這都沒有錯。如果在友誼中我們無法展現真正的自己，無法成長，那其實這樣的友誼也不值得繼續下去。

案例／**李**

討好朋友並不是李（Lee）接受療程所要解決的主要問題，不過在李企圖討好所有人的過程中，朋友成了一大壓力來源。

過去十五年來，他嘗試與大學朋友保持聯繫。在他們結婚生子以前，大家可以說聚就聚，後來一群人一個接一個舉辦告別單身派對和婚禮，那段時間仍然頻繁往來。不過當現實生活變得繁忙，小孩、工作、責任的重擔壓在身上，他們再也不能隨時把登山車扔進後車廂，聚在一起消磨一整天，因此彼此開始漸漸疏遠。共度週末的頻率越來越低，如果帶著另一半和小孩同樂，也難以專心相聚。於是他們一個接一個漸漸脫離好友圈，開始結交其他家長和鄰居朋友。李可以接受這種情況，不過他有一位朋友感覺生命出現一大塊空缺。傑茲（Jez）秉持朋友第一的信念，也親身奉行這個原則，他總有玩樂的新點子，經常提議晚上出門尋歡作樂。李婉拒出門喝啤酒的邀約時，傑茲總讓他心裡很不好受。

「我不懂，」李告訴我，「我以為我們是朋友，但他現在常常讓我心裡很難受。如果我跟他說我和女友有約了，他會說我『有異性，沒人性』；我如果和女友家長有安排，他會取笑我，問我到底有沒有種。」

李是典型的討好者，他想讓大家都開心。他試圖尋找折衷之道，下班後和傑茲喝杯啤酒，然後回家讀睡前故事給孩子聽。一陣子之後，李開始感到疲憊，不管怎麼做傑茲都不滿意。李喝完第二杯啤酒準備回家時，傑茲會嗤之以鼻說：「你哪時變得那麼無趣？」

李開始注意到，傑茲是一群朋友中永遠單身的那一個，只想上床而不想有穩定關係。他擺出自己比較厲害的樣子，不過李開始懷疑是否還有其他可能性。

「你知道嗎？我覺得他是嫉妒。」李告訴我：「他也想要我們擁有的，一個溫馨的家、另一半和孩子等家庭的種種。我猜這就是他希望我們都回復以往生活的原因。他得不到，所以也不希望我們擁有。」

他知道傑茲不會承認，但看出這一點讓他瞭解傑茲對他施壓的原因，停止討好傑茲也變得容易許多，因為只有傑茲自己才能做出改變，讓自己真正快樂。如果他根本不喜歡自己，你又何必在乎他是否喜歡你。反正陪傑茲小酌一點幫助也沒有，李不必再犧牲陪伴孩子的時光。

友誼中的嫉妒

嫉妒和羨慕是友誼中常見的特徵。當我們害怕某樣東西即將被奪走，嫉妒的感覺就會浮現，我們緊緊抓住那樣東西、奮力保衛它，在這過程中常使之喘不過氣。嫉妒的朋友占有慾很強，總希望你花費更多時間和注意力在他們身上，甚至想要獨占你。羨慕則稍有不同，但一樣是失調友誼的特徵。如果你擁有對方想要的東西，他們可能會羨慕你，他們會試圖摧毀那樣東西，可能是你的其他友誼關係、成功事業或自尊。你無法討好這種人，而且你必須畫下界線來保護自己。你可以同情他們，但你不能為了讓他們好受而放棄自己所擁有的事物。

露西羨慕薩瑪拉的成功，但無法真心為她感到開心，當薩瑪拉失意時反而暗自竊喜。李也不可能為了填補傑茲心中的空缺而放棄自己的家庭，這麼做也不會是「好」朋友的舉動。安撫傑茲無法解決他無法建立親密關係的問題。

嫉妒的討好者

花點時間想想看自己的友誼中是否存在嫉妒與羨慕。

你是否曾有保衛友誼的衝動，或是互動更像是敵人的「朋友」？

也許你某位朋友表現出羨慕或嫉妒的情緒。要記得，他們對待你的方式只是反映他們與自我的關係，而不是對你的公正評價。

反過來看，如果嫉妒或羨慕朋友的人是你呢？壞消息是，這種情緒透露你自己有未解的問題。

如果你出現嫉妒或羨慕的情緒，這通常代表你還沒學會討好自己。仰慕與關注不假外求，瞭解這一點後，我們就不必倚靠他人拋來的一丁點賞識過活。只要我們能夠討好自己，有些友誼就算脆弱而不穩，只要我們認清其本質，未嘗不能維持這種關係。如果你能給予自己充分的仰慕與關注，就不需要嫉妒他人，而且討好自己之後，你也越容易收到他人的善意。

案例／**莎莉**

莎莉（Sally）的自我價值來自她與普莉提（Preeti）的友誼，不過她後來發現這種感覺不是雙向的。

莎莉還記得小時候校園裡朋友團體中的互動關係。女生小圈圈的情況最嚴重，圈內設有嚴明的友誼規範：點名時誰要坐哪裡、你正式的最好朋友是誰、在校車上你應該為誰保留位置都有規定。「我猜規定是要讓大家知道自己該站哪裡，但我從來就搞不清楚狀況。我好怕某天早上走到操場上，所有小圈圈成員在一夜之間大洗牌，就像大風吹一樣，而我是最後一個站著的人。如果我最好的朋友請病假沒來上課，我整天就都不知所措。」她也覺得女同學的社交鬥爭相當荒唐：「我記得，十一歲的時候，有一個女生發現另一個女生月經來了卻沒告訴她。她把這件事看得非常重，一整個學期沒再跟對方說話。」我們聊到學校時光及友誼，是因為莎莉剛經歷被朋友「拋棄」的痛苦經驗。至少她是這麼覺得。

普莉提搬到隔壁時，莎莉覺得這一定是命運的安排。她們兩人都正好懷孕，懷的都是男孩，而且兩人的丈夫時常到外地出差，大多數事情她們必須靠自己處理。小孩出生後，她們時常到彼此家中互相幫忙；孩子大一些後，她們會安排到海邊玩，或是週末偕丈夫露營度假。丈夫不在家的夏夜，哄孩子上床睡覺後，她們會傍著兩家的籬笆抽菸、喝粉紅酒，談論國家大事。

當普莉提說要搬家時，莎莉的天彷彿要塌下來一樣。莎莉幫忙打包時，普莉提保證等她一安頓好新家，就會約莎莉出來相聚。一天一天過去，行程表上沒有任何相約的計畫。普莉提回應莎莉簡訊的間隔越來越長；莎莉約她帶孩子來玩耍喝下午茶，普莉提總抽不出空。

幾個禮拜後，莎莉在鎮上碰到普莉提，當時她正和其他媽媽朋友就著嬰兒車聊天。莎莉揮手並上前打招呼，但對方的回應很冷淡，閒聊幾分鐘後，兩人就道別了，只有找時間好好敘舊的空洞承諾。

回想起來，莎莉發現雖然她很重視普莉提，但自己在對方心目中的重要性沒那麼高。莎莉的位置很快就被新朋友取代，是方便下午在後院一起啜飲葡萄酒或借她牛奶應急的隔壁鄰居。莎莉成長過程中經歷過類似情況，她的父母離婚後，她很少看到父親。大一點之後，暑假時她可以和父親相聚，但那時爸爸已經有其他小孩，而莎莉覺得自己的存在彷彿鳩佔鵲巢。莎莉知道自己很黏朋友，因為她總覺得有人正在伺機而動，隨時可能搶走她的位置。莎莉發展成影子型討好者，努力討好她仰慕的對象，甚至到了令對方反感的地步；而如果對方沒有回報同樣的好感，莎莉可能出現如抵抗型討好者的憎恨情緒。

莎莉現在瞭解，她把「最好朋友」的角色套到普莉提身上，但對方並不是這麼看待她。莎莉也下定決心，未來處理友誼時要更坦白面對自己。但這不是一蹴可幾的目標，當搬家卡車出現在隔壁時，她還是忍不住拿著一瓶酒上門拜訪。她笑著告訴我這件事：「至少我現在知道自己在幹嘛，這是進步了！」

永遠最好的朋友

想想看你過去和現在的友誼，哪些很順利，哪些相處起來比較棘手？

你希望從友誼中獲得什麼？

你和莎莉一樣希望獲得忠心、忠誠、永久的友誼嗎？

如果是的話，問問自己，你願意怎麼做來達到目標？而這是對方想要的模式嗎？

你願意付出真誠的深厚感情，還是希望單純透過討好打進他們的生活？

你理想中的朋友互動可能是晚上一同出門狂歡，或是 WhatsApp 聊天室一長串訊息，但對方理想的友誼可能只是在學校操場碰到彼此時微笑揮手，或是一個月喝一次咖啡談天。

也許你偏好「輕量版」的友誼，只是想找個有共同興趣的夥伴。你不想成為別人託付信任的密友或是人生教練。

要知道，你有權尋找期望中的友誼，擔任自己心目中的理想朋友，不過也要記得，友誼沒有固定的規則，你對友誼的認知也只是你根據過去經驗建立的主觀假設。你不必照對方的方法行事，但他們也不必照你的劇本走。

也許「好」朋友的定義是，對方的回報與你的付出程度相當，對理想友誼的想像也和你相似。但就算不符合上面兩點，不代表對方就是「壞」朋友，可能只是不適合你。同樣的，如果對方拿你跟他們心目中的理想模樣做比較，請不要理會，如果他們拿心中的評估標準為你打分數，你大可不必滿足那些嚴格的條件要求。如果對方不斷拿心目中完美友誼的模樣來壓你，你們就不可能建立良性的友誼關係，你不必負責滿足對方的友誼需求。在友誼中要勇敢，展現真誠的自己，做自己理想中的朋友，畢竟就算處處迎合也可能遭到批評，那還不如做自己。

如果你發現某段友誼不適合自己，你大可放下這段關係。如果對方對友情的熱忱不如你，不代表他們就是叛徒，也許他們的環境背景不同，也許他們對友誼的需求比較低，這不是針對你，你也可以重新徵選符合自己需求的朋友。演員名單中的空缺會不斷改變，我們自己也不一定能一直擔任某一個角色。**只要能認清友誼的不穩定性，當必然的改變出現時，我們就不會太放在心上**。也許你們的生活型態暫時有所重疊，或是孩子們目前處得來，但這些情況不一定會永遠持續。也許當共同朋友剛介紹你們認識時，你相當享受友誼蜜月期的新鮮感，不過不是每次傍晚閒聊都要發展成另一段需要投注心力維護的友誼。友誼要有意義，前提是你的演員名單上有空缺。如果你目前不需要或抽不出身結交新朋友，你大可離別前微笑道別就好。你可以友善，但不一定要交朋友。

儘管環境背景有所變化，有些朋友的重要性可以跨越時間與距離的障礙，維持不變。

在這類友誼中，你不必努力討好對方，或是討好對方的同時你也在討好自己。**最棒的友誼通常不需要花太多心力維護**，幾十年後電話另一頭的聲音還是一樣親切，或是當對方經過鎮上時，你們可以毫無隔閡地敘舊。

對方滿意但你覺得委屈，或是你心滿意足，但對方不開心，這都不是良性友誼，因為理想的友誼不需要取捨，好的友誼絕對能兼顧雙方。

理想浪漫關係的基礎一樣是互相接納與尊重，不過當不安全感萌生時，討好行為可能阻礙我們所尋求的親密聯繫。

4／討好伴侶

感情關係中造成問題的通常不是說出口的話，而是未說出口的想法。

案例／**卡瑞娜&艾瑞克**

艾瑞克（Eric）外遇的事情曝光後，夫妻兩人以為婚姻完蛋了。事實上，他們的關係已經失和好一陣子了，這場衝突反而讓他們有機會把話說開。

表面上卡瑞娜（Karina）與艾瑞克婚姻美滿，擁有一對雙胞胎女兒，一家人住在溫馨的房子裡，社交生活忙碌。艾瑞克市區工作的收入夠供應一家生活所需，所以卡瑞娜辭掉人資的工作來照顧家庭，一天的主要任務就是接送小孩上下學和遛狗。當卡瑞娜發現艾瑞克外遇，她感到頭暈目眩，頓時覺得對丈夫及他的生活一無所知。

他們第一次進到診間時，艾瑞克垂頭喪氣地悄悄走進來，縮到最角落的位置。他說他們來接受諮商是要幫助卡瑞娜對婚姻的未來做出決定。卡瑞娜對他發洩怒火時，艾瑞克一直像落水狗一樣低垂著頭。

艾瑞克不完全是作惡者，而卡瑞娜也不是單純受害的一方，事情從來沒有那麼簡單。其實在這類情況中，療程花在談論外遇事件本身的時間相對很少，不論是外遇、賭博或酗酒，感情關係中的危機就像電影中必然出現的劇情轉折，讓我們注意到表面之下的暗潮洶湧，開始進一步審視關係狀態。

吐露真相，卸下重擔

之後幾個禮拜，雙方開始互相訴苦，透露導致婚姻危機的前奏。艾瑞克的工作壓力很大，多年來他一直覺得自己的功能只有付錢，並在週末負責扮「黑臉」管教孩子，看著卡瑞娜到處找朋友喝咖啡、和孩子建立緊密的關係，似乎只在意他的薪水，不關心他的身心狀況。另一方面，卡瑞娜對於失去職業生涯與身分也累積了多年的不滿，埋首於髒尿布、安排玩伴等年輕媽媽的平庸日常中，只能看著艾瑞克與尊敬他的客戶光鮮亮麗地外出用餐，工作上的成就也屢獲獎項肯定。

艾瑞克出軌不可原諒，不過某方面來說卻也情有可原，夫妻雙方都需要某件事才能做出改變，需要發生某次危機，促使他們說出長久以來未明言的真實想法。前幾次療程中，卡瑞娜談到丈夫的不忠時怒不可遏，不過到後來她可以比較就事論事：「我想外遇這件事大概是迎面撞向我們的來車，不過這場車禍早就有跡可循。」

兩人都受困於各自的討好模式中。艾瑞克屬於抵抗型。他成長於嚴格的父權家庭，背負無情的超高期望，永遠覺得自己不夠好。為了報復，他發展出冒險與逞強的個性。而卡瑞娜屬於安撫型討好者，成長於高成就家庭中，她盡責、溫順，儘管所有科目都獲得優等成績，但在家中只是平凡的一員。

剛開始，兩人都是另一方的救贖。艾瑞克有趣又熱情，以魅力迷倒卡瑞娜，讓她覺得受到重視，這是她未曾擁有的感受。而卡瑞娜則是艾瑞克躲避風雨的港灣，讓他有史以來第一次感到安全、獲得包容。他們有能力化解差異、互相支持，提供對方過去不曾擁有的情緒空間，不過卻發展成相反的狀況：人生連同幼兒、工作、家庭的壓力壓垮他們。與其齊心協力，他們反而漸行漸遠，回歸到各自抵抗型與安撫型討好者的樣子，未能與對方坦誠溝通。卡瑞娜不願惹麻煩，而艾瑞克不願服從。

異性相吸

對方最先吸引你的特質經常也是使關係破裂的原因。

對方代表你拼圖中缺少的一塊，一開始這會吸引你的注意，也許是他們自由自在、隨興的個性，或許是他們的自信或穩定。

而討好者所缺少的拼圖經常是討好自己的能力，如果對方似乎擁有這項特質，討好者很容易受到吸引。如果你小時候被管得很嚴，允許自己盡情狂歡的人可能會深深吸引你；如果不曾有人教你設立界線的重要性，你會特別注意到能夠堅持己見、達成目的的人；如果別人一直要你照顧他人，懂得照顧自己的人會特別吸引你。

如果你能擁抱這些差異，從中學習，也許就能填補部分童年的空缺，學會新策略，修正自己的討好（或不觸怒）行為模式。你可以藉此培養滿足自己需求的能力，同時協助伴侶滿足他們自己的需求。雙方都將更擅於滿足自己，建立成功的親密、團隊合作與互惠關係。這是雙贏局面。

有時，你無法或不願接納差異，於是原本吸引你的特質開始令你產生反感。如果你像卡瑞娜一樣，無法解除討好的制約反應，你可能會開始憎惡沒有討好壓力的人。如果你無法察覺自己並不是出於正確或高尚的理由而做某件事，而只是制約反應的產物，你可能不會注意到自己有任何需要填補的空缺。

當異性開始相斥

卡瑞娜和艾瑞克在一起是有原因的，他們都擁有對方缺少的那一塊拼圖。艾瑞克說得很好：「我們當初愛上彼此的那些特質都還在，只不過被一大堆生活瑣事掩埋。」卡瑞娜是艾瑞克生活中安穩的存在，不過當壓力襲來時，艾瑞克抗拒隨穩定而來的限制；艾瑞克不排斥享樂的生活，不過卡瑞娜不願鬆懈下來。

當生活瑣事排山倒海襲來時，我們經常回歸原本的處事方式。對方象徵我們拼圖中缺少的那一塊，但當我們開始執行舊有程式時，那塊拼圖開始變成不討喜的干擾，自信變成自負，隨興變成沒有定性，隨和變成懶惰，搞笑變成無禮。對方討好自己的能力威脅到你從小遵守的規則，雖然某部分的自己也渴望改變，不過制約反應終究勝出。討好者雖然嚮往討好自己，不過他們經常難以擺脫討好行為，不允許自己討好自己。

當然，敢於討好自己的人，他們的行為有時候的確看似自私，他們受討好者吸引也是有原因的，也許是佩服對方的同情或耐心，於是感情關係中出現協商任務，雙方都能為關係做出貢獻，不過如果因為害怕衝突而不敢展開討論，或你認為不可能發生改變，那麼一方或雙方就只好回歸原本的狀態，更加堅信自己原本受限的觀點。安撫型討好者如果認定其他作法等於不顧他人感受，他們會進一步認為自己舊有的討好模式是唯一選擇；抵抗型討好者如果感受到服從的壓力，他們會再次擺出冷漠的姿態，更加一意孤行。此時，未解的親子關係問題會再次在成人的伴侶關係中上演，後果可能相當慘重。兩位家長討好者重聚，重演年幼的自己所預見的劇碼。

到兩人開始接受諮商的時候，雙方之間通常已經出現巨大鴻溝，各自死守根深柢固的成見，沒有人願意重新坐上談判桌尋求共通點，雖然共創新局的可能性正是當初吸引彼此的原因。

雙贏局面

你不必接受諮商也能學會在感情關係中討好自己。

如果你目前處於感情關係中，請詢問自己以下問題，如果可以，也請與另一半討論。如果你目前沒有對象，請回想過去的感情關係，看看哪些經驗能對下一段關係有所助益。

你一開始受對方哪一項特質吸引？

是你自己缺少的特點嗎？還是對方給予你渴望的自由？也許你能吸收這些特點，允許自己仿效對方的某些面向，學習討好自己；或像艾瑞克和卡瑞娜一樣，各自還原為原本的討好程式，開始厭惡對方的差異。

現在請以善意來理解差異，看看你能否以其他角度看待這項特質。也許你能看出，這是對方早期受制約的副產品，可能需要些許調整、更新，但這也是你吸引對方的原因。或者你會發現，你自己的制約反應阻礙你放寬自我約束的規定。如果這段感情是現在進行式，想想看有沒有辦法重新協商出共同前進的方向，以雙方的優點為基礎，共創雙贏局面。如果你目前單身，進入下一段關係時不妨允許自己討好自己。

放下僵持不下的繩子

如果我們不是以雙贏為目標，最終可能陷入雙輸的對立局面，一籌莫展。

在任何心理拔河戰中，第一步都是放下繩子，這適用於任何衝突或固執觀點，不論是與他人或和自己僵持不下的時候。我們必須仔細探究情況，擺脫膠著的局面，靈活探求其他可能選項。如果我們陷入「因為媽媽叫我穿外套，所以我偏不穿」、為了反抗而抗的情況中，此時我們缺乏成人的協商能力，因此也無法使自己的需求獲得滿足。「堅持自己是對的」凌駕於滿足自己的需求，於是我們把精力浪費在反抗上。

寬容的人才能放下繩子。如果我們願意相信，伴侶之所以站在另一方與我們拉鋸，並非為了控制或擊敗我們，而是為了挺直身子面對自己的制約反應，我們也許就能率先自願放下繩子，解除對抗的力道，靜待對方的回應。如果雙方還是無法達成協議，那也許就該是永遠放手的時候了，不過我們理解對方時還是可以多一分善意。

帶著寬容坐上談判桌不代表使出討好的舊把戲，而是自願傾聽另一半真實的感受與需求。不是只滿足對方需求中你願意滿足、知道如何滿足，或是你自己也希望獲得滿足的部分，這是兒童討好者方法有限時採取的作法，並不是成人建立真誠親密聯繫的方式。發掘對方真實的一面，瞭解他們心底的想望，詢問自己能否接受，而不是把他們變成你有辦法討好的對象，或是把自己變成迎合對方的樣子。

一個故事，兩種說法

每段關係都存在衝突，問題根源可能是經濟、家庭、工作或性。上述問題的解決方法都一樣，不過我們先以性為例來討論，因為這是許多討好者常見的衝突來源，而且並未獲得太多關注。

接受諮商的伴侶中，常會有一方覺得感情剛開始時對方「比較願意付出」，當時性行為比較頻繁；另一方同樣的也覺得感情剛開始時對方「比較願意付出」，當時比較常有性以外的情感聯繫或是實際的關懷與溝通。當雙方都覺得對方不再討好自己了，不意外的，也都自認自己的不滿比較具有正當性。

在這種情況中，雙方拾起繩子、各據一方，捍衛自己的觀點。當伴侶為了家事、子女、姻親或財務問題爭吵時也是同樣的情況。一開始，雙方可能盡力討好彼此一段時間，不過倦怠感出現後，抵抗型的行為模式開始慢慢浮現，或有其中一方破壞討好默契。當討好行為未獲得感謝或回報，一方或雙方都會開始憎惡對方，不再為關係付出，因為他們覺得未受到對方的同等對待；他們覺得另一半充耳不聞，因此也停止傾聽。直到不忠、欺騙或不信任使感情陷入困境，也只有到了這個地步才願意展開一直以來迫切需要的對話。

開誠布公的談話無法讓你們回到一開始的樣子，這本來就不是目的所在，因為原本的討好模式並不健康。真正的目的是協助彼此朝共同的理想方向前進，深入探索並瞭解自己與對方的需求。

全然接受，而後回歸理性

我們不只要知道自己想要什麼，還要瞭解背後的原因。如果我們能放下抱怨的內容，探究自己重視這件事的原因，就能真正開始解決問題。瞭解對方重視某件事的原因後，我們就能停止捍衛自己的觀點，發揮同理及同情心，承認我們的看法不一定是唯一的看法。

我請前來接受諮商的伴侶在衝突中練習全然接受。「全然」強調的是全面的深層接納，如果我們能暫時全然接納對方的觀點，也許就能看出其中道理並信任對方也會為我們這麼做。只要我們願意承認對方的觀點中確實有所根據，也存在善意，我們的神經系統就能關閉打或逃的反應，回歸理性思考，思索創意的解決之道並攜手合作，瞭解雙方的緣由，秉持善意且願意妥協。

由誰首先釋出善意並不重要，如果你發現雙方已經開始拔河角力，你可以率先放下繩子，相信你所啟動的程序將會對彼此有利。你之所以放下繩子，並不是因為別人要求你這麼做，也不是因為舊有的討好思維認為應該這麼做，而是因為你想要、也有能力這麼做。你有能力付出，因此你慷慨解囊。

接下來的建議附帶善意的提醒，以下建議的前提是，你處於健康、正常的感情關係中，雙方互重、互愛，沒有脅迫或濫用權力的問題。在有害或欺凌的關係中，討好自己的第一步是結束這種關係，賦予自己往後建立快樂、良性關係的權力。

不過如果你確實處於良性關係中，而你感覺性方面的交流變得生疏，你可以主動製造性以外的互動機會，進行不具性意味的身體接觸，積極關心對方的情緒並提供實際支持，試試看這種方法能否重新喚起兩人之間的性聯繫。如果你認為關係缺乏情緒交流或實際支持，你可以主動重拾性關係，試試看這種方法能否找回你期盼的情緒交流或實際協助。

爭論某種需求更有根據或更重要只會加深彼此的成見，使你分心而無法思考最重要的問題——需求背後的意義。

如果你希望提高關係中性行為的頻率，請問問自己：為什麼？請撇除生理、性慾或自然受到伴侶吸引等表面答案，探尋價值、渴望、能力等深層面向。性可以滿足你哪些其他需求？也許你透過性來對抗不安或嫉妒感？也許這裡存在其他需求，有待進一步思索。

如果你希望在關係中獲得更多情緒或實際支持，也請問問自己：為什麼？同樣的，不要只說出「伴侶應該進行情緒交流」、「家事是雙方共同的責任」或「如果對方關心自己，就該幫忙」這類直截明瞭的理由。當另一半協助你或關心你時，還有什麼方面獲得滿足？多加注意自己對於關心、尊重、平等或控制等方面的需求。也許當對方以關愛或支持滿足你特定的情緒需求時，你會覺得自己獲得重視，也許這裡也有你應該釐清的其他需求。

同樣的作法也適用於其他衝突。如果爭執點是經濟問題，你為什麼希望對方少花一些錢？除了預算的理性考量外，也許你害怕事情脫離掌控的感覺，或是討厭他人行事莽撞？如果衝突是關於教養方法，你為什麼希望對方多與孩子互動？除了有益親子關係這類顯而易見的理由外，也許另一方用心與孩子互動的話，你休息時比較不會有罪惡感？

如果你能鼓起勇氣，開誠布公告訴另一半你要求他們做某些事的背後原因，有助於彼此合作滿足這些需求。不要執著於爭執的內容。停下來，放下繩子，尋求平衡。一般來說，平衡是更理想的狀態，也是你們建立關係的目標。不過這個過程會暴露自己的弱點，這可能令你害怕，因此必須做好準備，釐清是什麼原因阻撓你展開坦承的對話。

恐懼可能阻礙你暴露弱點、表現悲傷，防止你建立親密、真誠的聯繫。我們知道討好者可能深怕遭到拋棄，因此無法放鬆享受感情關係，以下安東尼（Antoni）的案例正是明證。

案例／**安東尼**

安東尼因為缺乏安全感而前來接受諮商。不安感已經使他的婚姻關係產生裂痕。安東尼極度害怕丈夫會離開他，這種想法使他焦慮、多疑。每當丈夫馬克（Marc）出門上班，安東尼就會開始想像最糟的局面，例如丈夫外遇或是不再愛他。兩人爭吵之後，安東尼會不停道歉求和；如果馬克晚上出門與朋友小聚，聚會結束時，安東尼總會突然出現，陪伴丈夫一同回家。安東尼類似典型與安撫型討好者的綜合體，送東送西，隨時在討丈夫開心，不過他黏人的行為已經開始令馬克喘不過氣。安東尼討好行為的背後動機是控制對方，不肯讓馬克離自己太遠，不過這些舉動只會帶來反效果。

他說：「我的焦慮感時好時壞，這週特別嚴重，因為馬克和幾個朋友出門玩。我知道他討厭我這種行為，但這只是讓我更加擔心。他不再接我電話，我知道這完全是我的錯。我把他越推越遠。我好怕會失去他。」

安東尼說話時的表情就彷彿一個擔心受怕的小孩。

我問他：「你曾經失去過親人嗎？」

安東尼的母親中風過世時才七歲。他沒有太多媽媽的回憶，不過他記得媽媽做的香蕉煎餅；也記得自己坐在最下層的階梯上，媽媽教他綁鞋帶；而母親過世那一夜，他更是歷歷在目，恍如昨日。他坐在醫院走廊堅硬的塑膠椅上，聽到父親在電話中說：「結束了，她走了。」一坐車回家時，安東尼哭著入睡。安東尼與父親不親，他形容父親是所謂的「大男人」，隱藏自己的感情，也教導兒子效法。當時沒有人協助安東尼理解自己排山倒海的悲傷，他也沒有能力排解，因此長大成人、與丈夫建立關係時仍然背負著沉重的情緒。對安東尼來說，失去並不傷心，而是可怕至極，是一切的終點。

剛聽到我說他的焦慮可能源自多年前小時候的遭遇時，安東尼很吃驚。

他茫然地盯者我背後牆上的畫，彷彿在自言自語：「你的意思是，我的焦慮感可能不完全是因為擔心丈夫外遇……」沉默了好一陣子之後，他看著我接續道：「而是害怕再次失去自己所愛的人，是嗎？」

安東尼從來沒有和任何人講過母親的事，就連他丈夫也不知道詳情。長大成人後，他不知道該如何排解害怕失去的感覺，因此只能透過討好來防止心愛的人離他而去。不論出現什麼感覺，他期望丈夫安撫他的情緒，他需要馬克告訴他：一切都會沒事，兩人的關係很穩固。安東尼將真正的感受埋藏心中，情緒爆發、失控之後，他又會乞求馬克的原諒。他沒有可供參考的範本，他不知道在關係中出現各種感覺都是健康、正常、安全的；他不知道感情斷裂之後仍有修復的彈性。反而，他在不自知的情況下操縱丈夫安慰、安撫自己，卻在這個過程中疏遠丈夫。他運用各種討好策略，緊抓丈夫不放，卻反而趕跑對方。

結束諮商後，安東尼瞭解自己恐懼的根源，也下定決心要向丈夫坦承自己的需求：一個可以抒發真實感受的空間，並允許彼此撕裂感情，目的是重建更真誠的關係，營造更有意義的安全感。這樣的過程並不簡單，但至少安東尼有了前進的方向。

揪出自我破壞者

有時你不顧一切避免可怕結局的行為正是導致悲劇的原因。就像安東尼極度害怕失去馬克，不過他緊抓對方不放的行為破壞了關係中的信任感。

就以後見之明的觀點，來檢視你的討好行為是否曾經破壞感情關係。

你過去感情關係失敗的原因是什麼？

你能否看出自己的感情結束有無固定模式？也許你往往是喊停的那個人，也許通常是對方先提分手；也許原因總是一樣；也許你早就預見這種結局，又或者出乎你的預料之外；也許你們早該分手，但出於責任感或害怕孤單一人，你們仍舊在一起；或你從未解開第一次爭執種下的心結。

如果你無法忍受被討厭的感覺，感情關係可能一遇到障礙就分崩離析。如果發現自己無法討好對方，你就覺得自己必須逃離，於是你親手毀掉感情，或是間接引導對方終止關係。或者，你也可能使出全套討好策略，加強對伴侶的控制，不過這種討好行為使他們喘不過氣，只是適得其反。或者你期望對方的表現符合你一直以來對於討好他人的認知。

他們突然意識到每年聖誕節都必須與對方的親人共度、關愛等同送禮，而每封電子郵件及簡訊都必須立即回覆。沒有協商空間，也沒有自己的身分，在這種情況下，他們唯一的選擇是離開。

如果你能察覺過往關係的結束常是因為自我破壞者暗中動手腳，請進一步詢問自己：你害怕的到底是什麼？你是否試圖努力滿足自己對「良好」伴侶或感情關係的想像？

不執著在「良好」的關係

身為討好者，在感情關係初期，你可能會拿出自己最好的一面，使出全力討好，但這種方法注定失敗。

為了要討好（或不觸怒）伴侶，你無法告訴他們自己真正的感受。為使表面運作順利，你偽裝成對方期望的樣子，或是自己心目中的理想模樣，直到再也裝不下去。對方發現你的真面目後結束關係，或是你在自己身上看到對方的影子，未能達到自己的目標，於是你決定結束關係。你決心下段關係要更加努力或是降低要求，重新出發，追求自己應該成為的模樣，而不是展現你現在真正的自己，於是同樣的劇情再次上演。

你對「良好」伴侶或感情關係的想像是從何而來？

安東尼的父親教導他埋藏自己的恐懼，於是在重要的感情關係中，避免衝突是他獲得安全感的唯一方法。

從不爭執的家長可能讓孩子誤以為關係中所有衝突都是負面的，且應盡力避免。不過事實上，如果處理得當，衝突是關係中的必要元素，是展開重要協商的契機，能催生平等且一加一大於二的合作關係。

也許你的家長爭執不休，或有一方經常不在家，不論什麼原因，總之你經營自己的關係時不希望仿效他們。這時你可能用難以企及的高標準要求自己，在關係中擔下所有情緒工作、接納負面行為，或使用抵抗型討好者的行為模式與他人保持距離。你極力避免複製成長過程中目睹的失調關係，但可能因此矯枉過正。你應該著眼目標，這樣才是朝正確方向前進的方法。

有些討好者從不知道，其實只要開口要求就能獲得心中想要的事物；**不必努力追求「良好」的關係，只要把握真實的感情就夠了**。也許你渴望的事物一直都在伸手可及之處。不相信自己擁有吸引力且值得獲得關愛，在無意識中以黏人的行為破壞感情關係，導致你預料之中無可避免的失望結局。你只知道自己不知為何再次失敗，以為是因為討好得不夠賣力或自己不夠好，進一步強化自己有所不足的想法，並將這種信念帶進下一段關係中，那麼只能準備迎接另一個令人失望的結局。

草叢中的騷動

安東尼的故事顯示，恐懼是許多討好行為的根源。恐懼是非常自然、正常的感覺，目的是幫助我們活下去。如果我們的祖先聽到草叢中傳來一陣騷動，他們應該要感到害怕，因為隱身草叢之中的可能是一隻老虎。如果他們不感害怕並據以行動，大概也不會有今天的我們。我們多數人的日常生活中不會遇到飢餓的掠食動物，但現代生活仍有諸多情況可能引起恐懼的反應：夜歸返家時你可能後頸發涼；眼角餘光瞄到有東西竄出，因而嚇得靜止不動；前車突然剎車使你的感官突然變得敏銳。在危險情境中感到害怕是必要且適當的反應。

但過度擔憂對感情關係無益。恐懼會傳染。如果我們的家長或主要照顧者經常恐慌不安，我們很可能也會如此。從演化角度來看，恐懼感會傳播、擴散，以使整個族群都能對危險事物有所警覺，準備逃跑。只要有一個人看到老虎並呼告周知，其他成員也會感到恐懼。但如果草叢中的騷動不會造成生命危險，因此我們沒理由拔腿就跑，或像鴕鳥一樣把頭埋在沙子裡呢？如果家長害怕的事物只是拒絕、獨處或說出心裡的話，而我們承繼了這些恐懼感，並透過討好來逃避恐懼，但其實根本沒什麼好怕的？

有時候，討好者也可能接收到相反的訊息，被教導要完全忽略恐懼感。小孩可能感覺某件事並不恰當，而照顧者可能忽略或取笑這種感覺；當孩子感到害怕時，照顧者說：「沒什麼好怕的，別傻了。」如果在孩提時期被訓練忽視自己的直覺，長大成人後，他們可能不信任自己的恐懼感，不知道採取行動或忽略恐懼的恰當時機或方法。他們可能對所有事物都感到焦慮，並透過討好來暫時安撫自己；他們也可能察覺不到危險訊號，因此繼續待在危險情境或有害的關係中，不知道該逃跑或討好自己。

保護自己

發現草叢出現一陣騷動時，我們可以採取以下多種行動來降低或轉移恐懼感：逃跑、躲藏、調整行為、使自己分心、祈禱騷動停下來，或是告訴自己「別傻了，沒什麼好怕的」。討好者可能會全部嘗試一遍，因為他們無法正視自己的感受，並採取保護自己、討好自己的適當行動。他們覺得自己無法改變現狀，於是只能調整自己的行為，或將突如其來的恐懼轉變為長期持續的焦慮。其實，面對草叢中的騷動（感情關係中的衝突）時，真正有益的作法只有兩種：

首先，找出躲藏在草叢中的到底是什麼，別直接假定是一隻老虎。承認自己的恐懼不一定有所憑據。向別人坦承你真正的感覺之後，先靜觀對方的反應，不要直接回歸舊有的討好模式。如果你因為沒接到某人的消息而感到不安，先別假定發生最糟的情況，請直接打給對方。**給自己一些空間，你就會知道對方不是針對你，而是他們有自己的事情要處理**。挑戰自己的假想情況、檢驗自己的想像，這能重新訓練大腦設想不同的未來，在新的情境中，你不必繼續討好，而是會發現自己一直以來都安全無虞。

第二，準備周全。如果你不打算逃跑，而是計畫與危險正面對決，在情緒老虎一躍而出時，你必須擁有周全的準備。哄騙自己壞事不會發生並不是勇氣，**認清自己擁有撐過災難的資源，這才是勇氣**。準備面對失去、背叛或拒絕時，你不能只依靠他人變化莫測的承諾，你必須握有其他保障；冒險撕裂關係時，自我價值與「我可以撐過去」的恢復能力就是你的靠山。

安東尼必須面對自己對於失去的恐懼，而不是透過討好丈夫或否認自己的脆弱來甩開恐懼。他不知道馬克會有什麼反應，即便如此，他仍應更加坦誠而不是閉口不談，這樣才能知道馬克對他的愛是否足以接納他脆弱的一面。如果安東尼發現兩人在一起的唯一原因是他單方面的討好，這時他會需要自我信念，相信自己可以承擔錯誤感情關係的結束，以便尋找合適的感情。

如果你不敢在感情關係中引發衝突，請勇敢一些，探尋內心，也許你會發現根本沒什麼好怕的。停止討好行為後，套句蘇斯博士（Dr. Seuss，編按：美國兒童繪本巨擘）的話，你會發現**「在意的人無關緊要，重要的人不會在意。」（Those who mind don't matter, and those who matter don't mind.）重要的人愛你原本的樣子，不重要的人才會在意你是否為他們付出**。有條件的接納根本不是接納，如果感情是建立在討好的前提上，那結束這樣的關係並不是負面結局。只要雙方願意，破裂的關係也能修補，而如果無法修復，也許這段關係從來就不適合你。

5／職場中的討好

我二十幾歲的時候任職於一間公司，我所屬的部門看重團隊績效。一開始，我每天下班前都會完成待辦事項，清空收件匣中的未讀信件，安排好隔天的優先事務，擬定能為公司創造更高價值的提議，這讓我充滿成就感。我一絲不苟、有條不紊，樂於自願執行團隊會議中提出的行動方案，直到某一天，我發現只有我這麼積極。這間公司有一種能者多勞的詭異情況，如果你擅於完成份內工作，就必須替別人分擔他們的工作。

因此我不再試圖討好其他人，不再主動提供意見，而是模仿團隊中抵抗型討好者的消極行為，分配工作時保持沉默，甚至直接翹掉會議。沒有人自願時，終究會有人「被自願」接下工作。我迴避無窮無盡工作的詭計多端，我擅於甩開額外職責，這種能力為我贏得「不沾鍋特雷爾」的稱號。

一開始我過於積極，後來我又毫不在意，我似乎難以拿捏兩者之間的平衡。

後來我決定離開那種失調的工作環境，尋找更有成就感的志業，而這就是心理治療。

職場不是學校

學習討好自己的關鍵是成長與自我約束，同時付出適當程度的關心。**當你更新規則，允許自己做小時候不被允許的事時，你會發現做自己、討好自己是成人合情合理的行為。**長大成人後，我們不須再倚賴外在的家長，我們在自己心中建立與時俱進的內在家長角色取而代之，引導我們、要求我們負責，並在艱難的時刻伸出援手。直到我們開始工作。

傳統的職場文化容易使員工退化成兒童。我聽過一些討好者把職場描述成學校的樣子，在體制的專橫文化、古板服儀規定與固定工時之下，成年員工的行為模式突然退化成幼兒一般。急於討好的員工只能服從上司，為了毫無道理的原因「把外套穿上」。

我的意思並不是員工不應遵守職場規定。職場必須設有專業的執業規定與標準，保護員工工作的權利且不受歧視與騷擾，但不是為了規定而規定，也不是用以樹立壓迫他人的權力，更不該營造出類似親子之間的權威關係。許多公司的作法越來越進步，他們瞭解彈性的工作環境不是良好行為的獎勵，而是培養互重與合作的要素；這些公司也深知，故意加班與績效不能畫上等號，全勤也不代表超人般的耐力，與貢獻也沒有正相關。

然而，較不開明的雇主用來監督員工、確保服從的規定，可能會摧毀士氣、降低工作效率。嚴格的權威角色只會在職場中培養出調皮搗蛋的小孩或老師的應聲蟲。沒有邏輯據的期望可能製造職場中權力不平衡的關係，不適用於成人的工作環境，只會引發員工的不安及恐懼。在這種幼稚、充滿打或逃氛圍的環境中，我們無法展現理性、擅於解決問題與合作的一面，效率也必然低落。

當個職場的成年人

除了成人以外，其他角色都不適合出現於職場中。事實上，如果你一心追求成功，成功機率反而會降低。因為如果為了獲得老闆的賞識而不敢發表主見、事事討好，這些行為反而有損競爭力、削減威信；為了避免批評與報復，你不願偏離常態，不跳出框架思考。另一方面，願意直言不諱、堅持己見反而可以提升價值，使你獲得尊重。直言不諱是真誠的一種表現，有利於建立有效率的職場關係，甚至是必要條件。這能讓你發揮影響力，贏得應得的讚賞。漠不關心或自在接受自己的與眾不同，兩者之間有重大的區別，有能力為自己的信念挺身而出是獲得工作成就感的關鍵。

和之前談論過的其他關係一樣，我們也不應害怕撕裂職場關係。當然，在職場上有現實考量，我們需要工作，而惡性的關係破裂會帶來實際的後果，影響層面超過終結友誼或與伴侶分手。不過有時候，極力避免關係破裂正是危害職業生涯的根本原因。

在職場中過度服從可能會對其他關係造成負面影響，例如因此不用心經營家庭關係，把私人關係視為理所當然，你可能給自己這樣的藉口：「我總需要可以放鬆的空間吧，我無法隨時隨地全力以赴。」這種區分家庭與職場的方式把家人的付出打了折扣，最終他們可能厭倦為我們收拾殘局，或是再也不忍受不了我們每天下班後都累到不想說話的樣子。我不是要你更加把勁在家也賣力討好，而是應該緩和一整天各個場合中的討好行為。在生活各個領域中更一致地積極投入，但不必追求十全十美，你會感覺更加放鬆，在私人與專業上也更能高效運作。

如果要在職場上討好自己，「只展現最好、浮誇炫技（幼稚）的一面」並不是好方法，你應該根據自己成熟的道德羅盤，展現真誠而自律的狀態。如要討好自己，你必須明瞭自己的動機，據此採取合適的行動，不過度服從也不為反抗而反抗。討好者的出發點經常有偏差，也因此招致負面結果，下文克里斯（Chris）的慘痛教訓充分說明這一點。

案例／**克里斯**

克里斯是工作狂。他是綜合醫院一個繁忙部門的護理主任，他的目標是讓所有人的日子過得更輕鬆容易。有人請病假時，他就會接手那個人的職務；如果同仁需要協助，他會第一個跳出來幫忙；他經常接下額外職務，例如採買離別禮物或預約團隊會議室。晚上他也會加班，哄小孩上床睡覺後再度登入辦公系統，發送患者評估記錄的電子郵件，或是更新隔天的照護計畫。這些工作不是他的職責，但必須有人來做，克里斯知道部門人力吃緊，因此他很樂意幫忙。

克里斯以為自己勤奮工作是為了協助同仁，不過實際上他是受到童年制約。他的父母積極參與教會社群，也鼓勵他勤奮工作並為宏大的目標效力。克里斯小時候心甘情願地滿足父母的期望，自願參與社區募款活動並帶領主日學禮拜，他的付出與勤勉也獲得讚賞。他發展出影子型討好模式，他的滿足感與人生目標來自支持他人、相信別人並協助他們達成目標，他從來沒有想過這樣是否值得或對自己有什麼好處。他甘願擔任大機構中的一顆小螺絲釘，而十四年來，這個機構就是他任職的醫院。不知不覺中，為別人服務就成了他的目標，讓他覺得自己不可或缺，同時也獲得安全感。他隱藏自己，沉浸於協助他人所獲得的稱讚中。

某天早上，抵達醫院後，他被上級主管叫去參加一場未事先通知的會議。主管告訴他部門面臨重整，而他被判定為「非必要」職員。克里斯非常震驚，他比所有人都認真，承擔的工作遠超過份內職務，現在面臨裁員的卻是他。克里斯是同仁背後的推手，而他脆弱的安全感來自他人成功的光環，此時他的安全感徹底崩塌，他覺得自己毫無遮蔽、不堪一擊。他不著痕跡地討好並解決問題，因此上司完全沒有察覺他的付出。主管從未注意到他為協助同仁提升工作效率所付出的工作時數，他為改善患者照護所建立的系統也未獲賞識。克里斯一直在後台默默付出，於是當組織要裁撤冗員時，克里斯被視為多餘人力。

克里斯的影子型討好行為害他丟了工作，他大受打擊。成長過程中，克里斯被教導要為更宏大的目標貢獻心力，但沒有學到如何支持、保護自己。

溫水煮青蛙

「你知道那項青蛙實驗嗎？」諮商數週之後，有一天克里斯有感而發地說道：「他們會把青蛙放在鍋子裡，然後慢慢加熱，但青蛙就只是毫無警覺地待在水中。之後他們又把另一隻青蛙放進滾水中，青蛙一碰到水就會馬上跳出來。我覺得這就是我碰到的情況，我就像溫水中的青蛙，十四年來溫度緩慢上升，但我毫無警覺。我希望自己是第二隻青蛙，這樣我就不會像現在這麼痛苦了。」

事情的結局不該是如此，但如果不是這記警鐘，克里斯可能永遠沒機會反省並重新出發。他可能會繼續想辦法適應逐漸升高的水溫，忽略情況不宜久待的重要警訊。我們諮商的目標是協助克里斯學習第二隻青蛙，運用直覺反應盡早逃脫熱鍋。

克里斯一心為群體效力，以致徹底忽略自己的感受，完全為患者及同事而活，隨時心甘情願緩解他人的不適，卻固執地忽視自己的痛苦。影子型討好者的滿足與安全感來自縮小自己，隱身群體之中。我們要讓克里斯找回感覺的能力，正視自己的重要性。

未來要避開熱水，克里斯要學會先伸腳試試水溫，這樣他才知道是否應該抽離，帶著自己的熱情到別處大展長才。

待在熱水中並告訴自己：「情況會好轉」、「總要有人來做」或「有價值的事總是得來不易」，這些都是討好者催眠自己的常見說法，他們情願接手別人的工作，而對自己的經驗與感受置之不理。

測量鍋中水溫

我們來評估一下你職場的水溫。

感受一下水溫如何？

如果工作壓力太大、管理不當或有其他原因令你身心俱疲，就代表水溫太高。

現在想想，你是怎麼向自己描述這樣的水溫？也許你告訴自己：這只是暫時的、人生就是這樣、問題出在自己身上，你總是太容易往心裡去。也許你不想要改變現狀，因此對上司及同事施展安撫型討好技能。也許你認為你的責任是「為團隊犧牲自己」，因此像克里斯一樣屬於影子型討好者。也許該是時候放下你從小接收的教條，支援別人的同時也要照顧自己。

如果你是討好者，也許你不會注意到，出問題的是環境而不是你自己。你必須定期檢查職場大鍋中的水溫，誠實地解讀現況。如果水溫令人不適，請允許自己著手改善或離開。**外頭還有很多宜人的池塘，如果強迫自己忍受滾燙的熱水，你就永遠無法轉換到更適宜的環境**，讓自己感到自在、成功。

百分之五十的責任

有時候，為了對自己說「好」，你必須先拒絕別人。在職場上是這樣，在生活中的其他情境也是如此。**有時候，我們得離開某個地方或結束某段關係，才能面對真正的自己**。有時候，我們得拒絕別人對我們的要求，承擔令對方失望的風險。他人失望的反應會令討好者相當難受，尤其是他們心目中握有權力的人。那是因為討好者不知道，一段關係成功與否，任一方都只要付出百分之五十，也就是一半的責任。我們如何拒絕這一半是我們的責任，對方對我們的拒絕作何反應則是他們的責任，與我們無關。

討好者常以為自己絕對不應該對任何人造成負面影響。我同意，我們不該故意造成負面影響，但如果這是為了滿足我們自己的需求就沒關係。如果對方要你做你不想做的事，這種情況只有兩種可能發展：你違反自己的意願，或讓對方失望。但這些問題不一定是你的問題。讓對方認定你永遠可以解決問題會剝奪他們的處理能力、阻止他們思考其他替代選項或資源，他們下次遇到困難時更可能再次求助於你。

如果我們無法學會拒絕，很可能會開始厭惡開口要求的人。外界以為我們樂意幫忙或願意順從多數，但其實背地裡我們感到苦澀、憎恨、憤怒，隨時可能爆發：「為什麼又是我？」、「我每天都最早到公司，你居然不准我今天提早點下班？」、「我每次都替你在期限內完成工作，但你居然不能幫我在期限內完成這件事？」、「我每次都答應你，而你竟然拒絕我？」

沒有爆發的怒火會逐漸累積，轉為憎恨。你不滿對方強人所難，也不滿自己答應要求。如果你注意到自己感覺憎恨，那就該與厭惡的對象重新設定界線，調整他們對你的合理期望，也釐清你實際上願意付出的範圍。討好者很常自欺欺人，讓別人以為自己完全是出於好心、古道熱腸、樂善好施。不過在潛意識中，討好者可能希望自己的慷慨能獲得部分回報，當他們發現對方沒有禮尚往來、沒有感謝之語或「本月最佳員工」獎，他們會覺得失望。

如果你沒有畫下任何界線，或是設定界線後沒有向任何人傳達這件事，那別人也無從尊重你的界線。如果你為了避免衝突而放棄界線，或是自己不尊重自己的界線，那也難怪別人會跨越這條隱形的線。

只做你願意做的事情，自由決定，沒有附加條件。不情願地從事某件事，期望未來成果可以歸功於自己，這種心態並不光明，類似透過操縱使別人欠你人情，並且換取未來的要求。

你可能不太願意承認自己的討好行為不完全是無私之舉，我在此想要澄清，我所說的「操縱」並沒有批判的意思，我不認為這是討好者故意或惡意的計謀，他們無意哄騙他人順從自己的意願，只是討好者不相信別人會不求回報滿足自己的需求，只好在無意識之中出此下策。

討好者不知道其實可以直接開口要求自己想要的事物，因此只好透過幫忙對方，期望對方會覺得自己有義務協助你。你傳送訊息，期望收到回覆；伸出援手，期望對方的感激。你沒有自信對方會無緣無故主動與你聯繫或欣賞你，卻又需要他人的肯定才能獲得安全感。

表面上，討好是為了討別人開心。不過實際上，討好是為了換取回報，如同以下蘿莎（Rosa）的例子。

案例／**蘿莎**

蘿莎是一所小學的總務主任，工作繁忙。她不僅每天要完成自己的份內工作，還要協助其他眾多事務：幫孩子擦傷的膝蓋擦藥、解決遊樂場上的爭執、清洗遺失物、開車載籃球隊和網球隊去參加比賽。有時別人會注意到她典型討好者的付出，不過大部分時候都沒有得到一句稱讚。

蘿莎樂於協助，不過卻經常越幫越忙，在討好同事和家長的過程中經常惹惱大家。她幫忙圖書館重新歸類書籍、安排教職員室洗碗輪值表時都曾經觸怒別人，同事的批評令她感到傷心，而她的解決之道是加班到更晚、更努力、更熱心、討好更多人。

「如果他們知道我做了多少、幫了多少忙、學校有多依賴我就好了，那麼也許他們會說聲謝謝，我也不求別的。不過我只收到校長蠻橫無禮的電子郵件，指責我又惹惱某某人，或是批評我做的事。」

之前友誼的章節談過，與其他人互動時，我們可能在不知不覺中重新搬出舊有的行為模式。友誼、感情關係如此，而由於職場存在階層之分，與親子關係有相仿之處，因此發生這種情況的機率更高。透過談話，蘿莎發現她把刻薄姊姊的樣子投射在同事身上。

蘿莎小時候擁有一頭金髮，是家中純真又惹人疼愛的小孩。母親生下她姊姊之後經歷一次令人傷痛欲絕的死產，兩年之後才又迎來蘿莎這個小寶貝。成長過程中，她一直是母親關愛的焦點，並強烈感受到姊姊的嫉妒。她嘗試各種方法想要贏得姊姊的喜愛，就像她現在在職場上討好同事一樣，不過都徒勞無功。蘿莎重視這些人的評價，因此她奮力討好，想要在他們心中贏得一席之地，這種模式對蘿莎並不陌生。不過她越努力，似乎把這些人推得越遠；他們對蘿莎的好感越來越低，蘿莎心中的怨恨也逐漸升高。

討好的對價關係

在瞭解了自己的動機並放下過去有所不足的感受之後，蘿莎更新、調整自己的行為，在職場中拿出合宜的行為舉止。偶爾，她還是忍不住討好的衝動，遊蕩在學校走廊間巡視、自願參加校外教學或通女廁馬桶。不過現在她通常可以清楚畫分界線，只處理份內工作或真正心甘情願承擔的事務。

她看清自己過去有多麼重視同事和家長的賞識，為的是提高自己低落的自尊，也認清未獲得期望中的肯定或被挑毛病時，她會變得多麼怨恨不滿。現在她不再過分重視他人的評價，那只是其他人的意見，值得參考但不足以對她下定論，蘿莎對自己的評價也一樣重要。蘿莎不再冀望同事滿足她獲得賞識的需求，她**把肯定自己的責任交付給自己**。她不再向同事索求肯定後，她發現獲得接納沒有那麼難。

不管我們再怎麼討好，都無法因此獲得他人的尊重，人必自重而後人重之。有時，我們**希望透過討好來贏得別人的尊重，但這種拚命索求肯定的舉動反而將對方越推越遠**。當蘿莎不再煩擾別人、追求肯定時，別人才會主動開始重視她。

蘿莎討好的舉動有其目的：她希望從同事身上得到姊姊不曾給予的肯定與接納。她得回想起這段早期的互動關係，才能意識到自己是在複製過去的行為模式，而這種模式在職場中並不恰當。這種情況很常見，我們多少都會在新團體中複製原生家庭的互動模式。這並不是有意識的行為，我們自己通常不會注意到，不過一旦發現了，就該著手處理，才能迎接不一樣的結果。

蘿莎成功理清過去對姊姊的感受，協助緩解當下生活各種情境中出現的討好衝動。

區別過去與現在

請回想過去曾讓你感到棘手的職場情境，想想看哪些人涉及在內？

他們令你想起誰？

注意他們身上有無令你感到熟悉的行為或性格，看看能否對應到過去相處過的人。如果你能察覺挑剔的主管和以前某位老師有相仿之處，或是總能逃避處罰的同事就和你弟弟一樣，那你就已經成功跨出第一步，準備破除魔咒，打破過去舊有的行為模式。

也許你父親的腦袋不知變通，或是學校的對手總能輕而易舉取得佳績，而你在現在的職場衝突中也能看到類似角色。如果這些角色使你陷入過去的感受或不合時宜的行為中，你必須改正錯誤，否則就只會重演過去的那套劇碼。發現問題癥結後，請嘗試區別過去與現在，讓自己與時俱進，握有自主權，以平等成年人的身分來化解分歧。

你沒有幫助任何人

在潛意識中將原生家庭未解的衝突帶進職場團體中，這種作法通常無法獲得你預期的成果，同時也會阻礙其他人取得他們所需要的成果，以下席夢（Simone）的例子就是明證之一。

案例／**席夢**

席夢因為失眠而前來接受諮商。她已經讀過一些失眠的相關資料，因此知道該怎麼做，也已經建立良好的睡前習慣。不過她忽視了一個重點：睡前把手機接上電源充電前，她總會再次粗略瀏覽電子郵件。檢查電子郵件的動作啟動大腦的夜間保全系統，對於潛在威脅或侵擾保持警戒。「檢查」的功用就是檢視有無危害，使我們保持警覺，難怪席夢的神經系統沒辦法好好休息。

席夢是一位自由業設計師。她堅信客戶永遠是對的，努力成為客戶心目中的「首選供應商」，永遠在電話另一頭待命，提供物超所值的服務。她認為立刻回覆電子郵件不僅能展現她對工作的重視，也能為隔天的工作做好準備。這些作法背後隱藏著討好的心態。席夢深夜也立即回覆郵件、唯命是從，這種討好方式使客戶對她有不切實際的過高期待。

約翰（John）就是其中一位客戶，他預期席夢會立即回覆信件。他對席夢要求很高，經常抱怨費用或等待時間，時不時就提醒席夢「我也有家要養」。

席夢努力練習在家庭與職場中更重視自己。她告訴我這五年來她從未提高收費，約翰請她做的下一份工作可能使她虧錢。

她說：「我覺得很過意不去，提高價格後如果他們無力支付怎麼辦？」

我說：「這的確是一個問題，不過不是你的問題。」

苦撐錯誤的關係

理性上，席夢知道企業經營有甘有苦，不過實際上，她傾向承擔痛苦，推掉快樂。她寧願凍漲費用，自行吸收越來越高的成本也要讓客戶開心，為了讓客戶能繼續經營而自行承受虧損。討好者經常這樣，他們一肩擔下痛苦，避免其他人有這種感受。不過讓其他人摔跤不一定是壞事，有時候非得摔一跤他們才會重新設定期望，或是改變明顯行不通的現狀。如果把鷹架拆掉後大樓就崩塌了，這不是鷹架的錯，而是建築本身不夠牢固；如果你的拒絕令別人失望或使某件事失敗，不代表你就應該答應。

在家庭中也是如此，也許你的母親必須討好她的母親，而你必須討好她，你的子女必須討好你。每個人都透過討好來避免說實話，導致惡性循環，苦苦支撐斷垣殘壁。透過討好來掩蓋事實，但若我們無法認清現實，又要如何改善、進步？

最後，席夢決定不再為客戶找藉口，決定根據她勞力的真正價值來報價。一如席夢的預料，約翰決定另尋其他設計師，不過他拖欠一大筆款項未付，我問席夢打算怎麼做。

「是的……」她說，「我想我會直接一筆勾消，一刀兩斷。」

「你可以這麼做，不過這種『既往不咎』的成本很高。」我回答。

席夢笑了笑，發現即便到了關係結束之時，她還是寧願虧錢也不願製造衝突。家中情況也很類似，席夢在家庭中也扮演討好者的角色，她通常不會堅持己見，而是直接順從丈夫和孩子的選擇。不過就算有時我們會對青春期孩子的負面行為睜一眼閉一眼，或是偶爾忍受伴侶的壞心情，不代表在職場上也要逆來順受。職場無關私人，如果同事行為不當，下班之後我們可以互不往來；如果顧客不付款，我們不必免除他們的欠款；如果上司半夜傳訊息，我們不必回覆。

席夢擔心失去這位客戶會損失收入，不過和這位客戶合作已經讓她承受虧損，害她失眠，更占用她與其他優質客戶合作的空檔，絕不要忽略你寶貴時間與心力的機會成本。

強化負面行為

席夢是安撫型討好者的典型例子，她不會反抗別人的負面行為，因此在無意之中使他們養成不好的習慣。同時她也是影子型討好者，自己付出高昂的代價來為別人收拾殘局，保護他們免於面對現實，卻忽略了現實雖然令人不快，但認清現實是事業永續經營的必要前提。

討好者常會保護他人免於面對他們所害怕的現實，但他們不應該逃避。如果你是職場中的討好者，請不要再承接超過自己意願的工作，即便這可能影響到別人。把這棘手的任務還給他們，讓他們自行解決自己的問題。不要因為害怕展現真正自己的後果而在感情關係中躡手躡腳，不要藉由犧牲自己來滿足別人的需求。一開始可能不好受，不過在良性關係中，這樣的轉變是有益的，對雙方都是如此。

如果我們無法學會拒絕，或是長期處於只能服從的工作環境中，我們無聲的反抗可能演變為消極被動，在只能暗地反抗的情況下發展出抵抗型討好模式。我們可能像蘿莎一樣索求他人的認同，或像克里斯一樣燃燒自己，又或是像席夢徹夜難眠，我們希望自己不要放在心上，卻仍然感受到討好的壓力。

消極的討好

「消極」意指在衝突中放棄自己的能動性（agency，編按：是指個人對刺激可以獨立做出反應的能力），向必然臣服或暗自生悶氣。如果別人請你做某件事，而你答應了，之後卻告訴他們沒辦法處理，這可能就是潛意識中消極的自己正透過拖延時間、忙於其他事情或有意無意的「忘記」來抵抗他們的要求。你沒有明確違抗他們，因為你的討好強迫症做不到，不過「事情就這樣發生了」，這是你在無力反抗的世界中最後的掙扎。討好者的消極不一定會表現出來，事實上，他們可能看起來比多數人更積極主動。他們看似忙於服務所有人，不過因為他們無法為自己的選擇或優先順序負責，最後可能為了討好某人而使另一人失望。

討好者可能為了滿足大家而把自己的行程塞滿，超過實際可以負荷的程度，結果是工作遲交、會議遲到；或是答應某項工作，但最後需要同事解救，因為他們自己無力負擔；匆匆瀏覽電子郵件，卻忽略重要訊息。討好者不想要拒絕，實際上卻沒有接下所有工作的能力，於是成果不如預期，感覺自己一事無成。討好者到處開支票的客觀結果就是永遠無法兌現。接收支票的那一方則須承擔討好者安排時間行程時過度樂觀、野心過高的後果。討好者不可避免地令對方失望時，只能希望他們能把「好意」納入考量，而不要只看實際行為或產出結果。

討好者也可能像蘿莎一樣懷有操縱心態，透過討好在「人際關係帳戶」中存入人情，期望在自己需要時回收。透過討好預先累積功勞，以便未來換取對方的支援。比方說，竭盡全力承擔工作要求的員工之後可能要求回報，例如臨時休假、彈性工時或加薪。

如果我們沒有權限堅持己見或保有自主性，我們可能在職場中出現反抗的舉動。我們無聲地反抗扮演家長角色的上司，也許我們對實際的家長也是如此。我們質疑每項工作要求，或透過刁難表示不滿。當職場中的「家長」角色要求我們做某件事，我們不會斷然拒絕，但可能拖拖拉拉、馬虎行事，或是以自認為更合適的方式進行，即便這並不是上頭的要求。

發現自己的消極行為

你是否發現自己也有這些消極的舉動？

也許你在職場上為了討好（或不觸怒）某人而承接過多工作，或者你在面對專橫的服從壓力時，現在或過去曾透過拖延來獲取某種程度的控制感。

如果是這樣，要記得你的消極行為很可能引發對方的負面反應，他們也不會瞭解你這麼做的真正原因，而是對你的消極行為及後果感到失望或不受尊重，回過頭來使討好者感覺遭到拒絕，再次印證他們「怎麼做都不夠好」的預言。

如果你發現自己是職場中的討好者，請允許你自己決定做或不做，但不要消極抵抗。你願意加班就加班，不要考慮他人的期望；請求必要支援，這和人情無關，但要做好面對衝突及妥協的準備。為了真誠做自己並獲得有意義的實際成果，你要能忍受衝突，因為就算你行得正、坐得端，還是可能被討厭，**忍受衝突是你接受被討厭的事實的訣竅，也是學習討好自己的不二法門**。

在職場上被討厭可能很難受，但你至少可以用專業的角度來看待，不要太往心裡去，但如果是被自己的小孩討厭，恐怕會難受得多。

6／為人家長的討好

為人家長的討好早在孩子出生前就已經開始。成為父母的路途中，我們很可能會遭遇各種前所未見的批評指教。

懷孕期間的討好壓力可能出現在公開場合中。我第一次懷孕的後期，走在路上就會有陌生人慢慢靠過來，伸出手準備撫摸我的肚子，然後發表一些「厲害」、「好大」或「好圓」的評語。我聽著她們的生產故事，在她們提供生產建議時點頭附和，那時我已經懶得抵抗或維護自己的隱私了。

我選擇提前知道寶寶的性別，我母親懷我的時候也是這樣，這樣我才能想像即將到來的孩子會是什麼模樣，我很享受這段經驗。不過我很快就發現，提前揭曉性別並不是常態，而且當別人聽聞我的決定時總會露出憐憫或失望的表情，顯然我徹底破壞驚喜。但我認為要從自己私處扯出一個孩子並負責養活就已經夠驚喜了。

二十週產檢那天，我準備離開辦公室時被一位同事叫住，她直接問道：「你要揭曉寶寶的性別嗎？」

我已經知道對方會做何反應。

「哇！真的嗎？」聽到我的回答後，她大吃一驚：「我沒辦法想像會有人想要提前揭曉耶！生產時，期望終於見到可愛的寶貝並揭曉性別，是鼓舞我最後一次用力的動力，那美妙的一刻是上天最棒的驚喜。我不希望有任何人錯過那美妙的一刻。」

隔天我經過她的辦公桌前，她又叫住我：「所以咧？是男生還是女生？」

那一刻，報復帶來的快感勝過擔心被討厭的可能性，我說：「別擔心，我知道你有多喜歡驚喜，所以我絕對不會告訴你！」

未能討好其他家長

被其他家長瞧不起的感覺相當難受：你覺得自己是不適任的家長，總做出糟糕決定，會害自己的孩子終其一生輸在起跑點。而且撫養新生兒有好多選擇，全都附帶極高重要性與自以為是的批判，大家都急於宣稱自己的經驗是權威且「對孩子最好」：要不要餵母乳（一定要）；是否重回職場（萬萬不可）；可不可以購買市售食品泥（別無他法的緊急情況才可以，例如冰箱冷凍庫壞掉，你的古斯米〔couscous，編按：一種北非小米〕冰磚都開始解凍只能餵狗，可是話說回來，做一批簡單的起司司康也只要十分鐘，所以其實你沒有任何藉口，對吧？）。新手家長很容易覺得自己是徹頭徹尾的失敗。

案例／**潔依**

潔依（Jai）是一位新手媽媽，孩子三個月大時，她被診斷出產後憂鬱症，因此前來接受諮商。女兒阿莉亞（Aalia）的出生對她們兩人來說都是創傷經驗，產後的侵入性思維（intrusive thoughts，編按：腦中不斷重複的一種執念）與瞬間倒帶的情境（flashbacks）令潔依深感困擾。

潔依會帶著阿莉亞來參加療程，寶寶通常在汽座裡睡得安穩，潔依會用腳輕輕搖晃她的座椅。她看著阿莉亞若有所思地說：「前幾天我洗澡的時候不禁想到，如果我直接死在手術檯上，是不是對大家都比較好？沒有我到處添亂，丈夫可以給阿莉亞更好的生活……她這麼小，也不會知道有什麼差別，對吧？我不在的話她也不會想我。」

她繼續說到，前幾天，丈夫推嬰兒車帶阿莉亞出門，讓潔依能趁機補眠。在外頭的時候，阿莉亞午睡提早醒來，疲憊的小身體想要睡回去卻開始大哭。一位婦人路過停下腳步，用語帶批判的口吻大聲說道：「可憐的小東西，你的媽媽到底跑哪去了？」

潔依的丈夫和她講這件事，他認為路人多管閒事，相當荒謬，但這件事是壓垮潔依的最後一根稻草，潔依原本就覺得自己是個失敗的母親。丈夫試圖說服她不值得為這件事心煩，不過幾個月來睡不好又竭盡心力照顧小嬰兒的潔依發現自己開始出現非常黑暗的想法。她告訴丈夫這件事並緊急與家醫科醫師約診。

在這種時刻，抵抗型討好者的臉皮變薄，不像平常那麼容易拒絕討好的壓力，因此容易罹患憂鬱症。到最後潔依再也受不了隨處可見的批判眼光：每隔一天來家中訪視的衛生家訪員（health visitors，譯註：英國醫療保健體系會派遣護理師訪視有學齡前兒童的家庭，提供照顧幼兒的相關建議）、其他容光煥發且哺乳一切順利的媽媽、據說孩子六週大就可以睡過夜的婆婆。潔依在眾多批判眼光中感到徬徨無措，彷彿她所做的一切都不夠好，於是開始退縮、逃避，把嬰兒交給家訪員，趁機躲到廚房裡慢慢泡茶，盡可能找機會獨處。

潔依說生小孩之前，就算別人不認同她的決定，她也從來不會感到困擾。身為顧客服務部門負責人，她習於聆聽批評並做出不得人心的決定，她也一直是家中比較特立獨行的一員。她抵抗型討好者的人生還算順遂，對於批判眼光司空見慣，不過她現在發現，為人父母的身分被挑戰時卻完全是另一回事。每一位新手父母一路走來都是跌跌撞撞，不過突然之間，她被長輩的育兒經驗以及「專家」意見團團包圍，潔依沒有堅持己見的勇氣，做出「正確」選擇的壓力排山倒海而來，她徹底被批判壓垮。

家長的薄臉皮

潔依身為母親所做的決定一再受到嚴厲審視，不斷為自己辯駁使她身心交瘁，也削弱她照顧新生兒的自信。現在她無法像以往一樣對別人的意見視而不見，她的抵抗型討好模式派不上用場，面對批判毫無防禦能力。那個路人的評論彷彿濃縮所有批評，指責潔依無能照顧阿莉亞及身邊所有人。

潔依邊用腳搖動汽座邊說：「也許她說得對，我應該陪著阿莉亞的，畢竟我是她媽媽，不是嗎？我應該在場的。你看，就連現在我也做得不夠好。如果我是稱職的母親，我應該抱起阿莉亞，但我把她丟在汽座裡，放在地板上。我可憐的女兒，我很抱歉當你媽媽。」阿莉亞睡得平靜，偶爾吸吸鼻子，我又看向潔依，她全心望著她的小寶貝，輕輕搖動汽座，盡她所能、付出所有照顧女兒，並勇敢地向我傾吐心聲，期望事情能漸入佳境。阿莉亞快要醒了，潔依輕柔地哄著她。後來潔依透過諮商逐漸瞭解，過去她的家長從未給她太多關注，遠不如她現在對阿莉亞付出的關心。

我對她說：「你知道嗎？我想阿莉亞現在就只需要這樣，你現在做的就已經夠了，你原本就夠好了。」

即便你過去通常不會感到討好的壓力，懷孕及新手家長的階段仍可能讓你猝不及防。隨著肚子越來越大，你的存在越來越顯眼，也比過去吸引更多關注。或許，你像潔依一樣，原本通常可以忽視他人的意見，但如果他們是對著你的小孩指指點點，這些批評指教突然令你如坐針氈。

懷孕及照顧幼兒的這段期間是你最該討好自己的時候。多數新手家長已經竭盡所能撐過嬰兒啼哭的夜晚，其他人的指指點點都只是他們的個人意見，對你的幫助可能不大，別讓他們誤以為自己有發表評論或刺探隱私的權利。你現在有自己的孩子，你自己也曾是個孩子，用憐憫與保護來對待你自己和孩子是你們應得的。

創傷與討好者

即便你的孕期相對「輕鬆」，生產也沒有出現其他併發症，新手家長的生活還是必須面對種種不確定性與初次經驗，會有許多地方需要調整適應。

如果你和多數人一樣，孕期並非一帆風順，出院時彷彿周身被車輾過一般，不過由於多了一個需要全心照顧的小生命，你孕期與生產的創傷無法獲得全天候照護，更不可能讓你到海邊靜靜休養，你的復元之路遙遙無期。

現實情況是，你很可能永遠無法踏上復元之路，因為你有一個小生命必須照顧，還可能有其他較年長的孩子、另一半、其他需要你照料的人生義務。

況且不論有沒有小嬰兒，討好者鮮少把自己置於優先地位，因此更不可能踏上復元之路。不孕、流產或接受人工授精也是如此；如果你的另一半有過這樣的經驗也是一樣；或者你自己就曾是那個小嬰兒，坐在某人的大腿上，而家長因你的到來感到天旋地轉，正努力回過神來。我們人生某個階段都曾經歷創傷，跨出復元的第一步永遠不嫌遲。

重新踏上復元之路

花些時間回想過去曾經感到痛苦或受創的時刻。

你知道自己當時需要什麼嗎？

如果你能回想起過去的感受，請傾聽這些感受所傳達的需求，答應自己這次你會踏上照顧自己的旅程。把照顧自己放在優先位置，優先給予自己同理心，提供自己休息的時間與空間，藉此反思自己的經驗並沉澱其中的意義。

也許你還緊握著**懊悔、失望、憤怒或恐懼的感受，這些都是面對異常情況會出現的正常反應，都是悲傷的成分，如果我們能允許自己停下來，與這些情緒共處，那這些情緒終究會逐漸消逝，於是我們就能繼續上路，**雖然不一定能完全痊癒，但至少能漸漸拼湊回自己，承載新的意義，繼續前行。

討好子女

討好幼兒的過程非常療癒。他們止不住的咯咯笑聲；熱烈親吻你的臉頰時，緊貼在你臉上的溫熱掌心；晨光中安穩睡在你身旁時甜美、溫暖的呼吸氣息；在他們眼中你就是全世界的那一刻。另一方面，被孩子拒絕簡直令人心碎，不論是因為你拿錯水杯而對你嚎啕大哭的幼兒，還是怎樣都看你不順眼的青春期子女。但是願意被子女討厭的勇氣是我們能給予他們最好的贈禮，我們可以提供安全的環境，付出毫無保留的關愛，讓他們把我們當作實驗對象，觀察我們真實的反應，藉此瞭解自己的行為對他人有何影響。身為父母，我們不該對孩子施加討好的壓力，同樣的，我們也不能不敢觸怒他們。

當然，他們不一定會因此感謝你。如果你毫無異議地贊同他們的一舉一動、百依百順，對於不當行為視而不見，你自己樂得輕鬆，他們也可能更喜歡你，但這只是暫時的。

我們常聽到有家長得意地宣稱：「我是孩子的好朋友！」這句話的意思是，我的小孩喜歡我，他們選擇和我玩在一塊，喜歡我的陪伴。不過從生殖繁衍的角度來看，子女總有一天會長大成人，不再需要家長的照顧，但家長沒有這種機制，他們總希望子女能常伴左右。讓孩子永遠喜歡自己的陪伴是規避上述法則的方法，不過代價是什麼？你的孩子可能以為自己永遠不會犯錯，絕對是其他人的錯，自己可以想幹嘛就幹嘛。

家長必須培養孩子的自尊，透過關愛與認可的行動肯定他們的價值。但如果你為了讓子女喜歡你而置他們於危險之中，這是極不負責的教養方式。如果家長沒有教導子女行為的後果，社會還是會讓他們認清這一點，而現實社會絕對不是慈愛寬容的老師。

當家長分居時

家長分居時，賭注似乎更高了。即便感情已經無可挽回，家長還是可能冀望為了孩子繼續在一起，避免孩子的悲傷與失落，這種想法也是情有可原。我有一位案主的丈夫多年來對她拳打腳踢、惡言相向，終於將他趕出家門後，她飽受罪惡感折磨。即便和丈夫分居，對方仍然出現許多不當行為，他心懷嫉妒又疑神疑鬼，跟蹤案主是否另有對象，或在半夜闖進她的家中。他不探望小孩也沒有支付任何撫養費，積欠夫妻聯名信用卡的債務，導致查封官上門追討欠款。

我問她為什麼不離婚，徹底了結這些麻煩？她回答她很害怕孩子長大會恨她。她設想最可怕的情境是，丈夫如果自殺，孩子會怪她害死爸爸。她天真地希望只要忍受丈夫的負面行為，放棄追求自己的快樂，就能避免孩子傷心，至少不會比現在還難過。她的朋友試圖說些老生常談的話來安慰她，說孩子最終總會瞭解事情緣由，而且不論如何都會永遠愛她。

不過朋友的勸說顯然沒有效果，我只好採取不同的策略，雖然逆耳，但實話總是不中聽。我問她：「就算孩子真的責怪你，那又怎麼樣？為了不讓孩子討厭你而使所有人困在這種有害的環境中，這樣值得嗎？分辨是非不是他們的責任，畢竟他們只是小孩，他們需要母親替他們分辨是非對錯。」

不要期望小孩知道什麼對自己最好，你必須替他們做主，即便這可能引發一些反彈。

他們勢必會不斷測試你的底線，然而底線同時也是堅固的護欄，用於維護他們的安全。如果沒有這道可供倚靠休息的護欄，他們只能不斷親身測試極限；如果沒有年紀較長、更成熟、有智慧的人提供保護，他們就無法盡情發展、探索。因此即便孩子不喜歡，他們確實需要家長為他們設立一條明確的界線。

說到做到的原則

也許你會為了避免孩子鬧脾氣而答應他們。這是你的錯，他們可能學會用鬧脾氣來達到自己的目的。也許你自知應該拒絕，但不希望他們討厭你，因此暫時忽視他們的負面行為，或說聲「真調皮」就敷衍過去；也或者你為了不破壞氣氛而勉強答應，不過後來又反悔動怒。

也許你拒絕的原因是害怕失去掌控，或是擔心設下不好的前例或挖坑給自己跳，以致孩子得寸進尺。**有時候我們以為教養有一套「一體適用」的方法，但其實沒有，沒有一種方法能適用於所有情況，不過也不用擔心，因為教養本來就是不斷試誤的過程，每個家庭適用的方法都不太一樣**。如果真的有所謂的「不二法門」，大家早就都這麼做了。

如果你沒有明確理由，只是覺得自己應該拒絕，那你絕對禁不起孩子的詰問。你會在壓力之下招供，或是說法前後不一致，使得孩子又開始挑戰你的底線。如果你是發自內心認為不恰當，這樣的拒絕才禁得起考驗。

如果孩子問你可不可以吃冰淇淋，而你拒絕他們有合理充分的理由，但看到他們對你甜甜一笑，就翻翻白眼妥協，放任他們去冷凍庫挖冰淇淋來吃，請誠實檢視自己的行為是在教導孩子什麼原則。默許孩子糾纏權威或操縱體制來達到自己的目的，很可能導致他們往後人生遇上問題，他們需要你負起教導是非的責任，他們自己無法明辨是非。我知道堅持規矩有時候並不容易，但我常想起女兒四歲時我和她的一段對話。那時她希望我帶她去某個地方玩，可是一直不聽話，我就對她說：「能不能去玩，要看某個人的表現喔。」她想了想，然後對我說：「媽咪，你今天好漂亮。」

後見之明、自知之明與先見之明

如果孩子已經習慣忽視你所說的話，你可以重新開始堅持立場，不過首先你要知道自己哪部分的防線最容易被攻破。一般來說，我們可以利用「後見之明」來審視自己「先前」的行為，開始做出改變，舉例來說，你可能意識到「我今天早上答應某件事，但我其實應該拒絕」。接著我們就能更進一步，在事件進行當中獲得「自知之明」，注意到自己「當下」的舉動：「我應該拒絕的，但我又答應他們了」。最後進階到「先見之明」，預視自己「未來」的行為：「在這種情況中，我很容易因為要工作而產生罪惡感，所以我會答應讓他們玩電腦遊戲，但其實已經到了睡覺時間……好，現在我知道了，我可以預先檢視有哪些其他選項，找出最合適的辦法。」

孩子測試家長的時候，其實就是要找出這種明確、一致的界線，讓他們越快瞭解界線越好。我有一些案主的家長就是沒有提供明確界線，於是這些子女成年後仍在尋找界線。

漠不關心的傷害

同樣的原則也適用於青春期孩子，雖然這個階段的叛逆期更為猛烈，從神經發展的角度來看，青少年就像體型較大的幼童，同樣經歷劇烈的腦部發展期，惹麻煩的能力卻比小時候技高一籌。教導青春期子女很有挑戰性，無疑會出現衝突，對親子雙方都相當艱辛。

有時候，家長教養子女時，可能在無意之中試圖導正自己小時候的錯誤，比方說，如果他們自己小時候受到嚴厲管控，等到他們養兒育女時就可能矯枉過正，變成管教不足。在這種缺乏界線的情況下，孩子可能感覺冷漠、缺乏關懷，因此受到傷害。為了規定而規定當然有害無益，但青春期孩子的大腦尚未定型，仍然需要一定程度的管教。

案例／**雅斯敏**

雅斯敏（Yasmin）需要母親的關心，為她設立界線、保護她，只是她不知道這一點。

雅斯敏十七歲時開始接受諮商，當時母親已經對她束手無策。雅斯敏經常翹課，甚至揚言輟學。雅斯敏的母親告訴我，她很愛女兒，只是不知道該怎麼幫她。她試過各種方法仍然一籌莫展，已經逐漸不抱希望。

雅斯敏的父親有暴力傾向，父母離異後，她和母親一起住在店面樓上的小公寓中，共用一個臥室。她們的生活如影隨形，比較像是好朋友而不是母女。不過母親認識繼父後，一切都變了。突然之間，她們搬進新家，雅斯敏有了自己的房間，不久之後，媽媽生了一個妹妹。

雅斯敏漸漸開始抽離。她告訴我，她覺得自己像家裡的外人。雅斯敏母親說，女兒十三歲的時候經常突然暴怒，衝上樓躲進房間裡。繼父會跟上去帶她下樓，但媽媽叫繼父不要管她，讓她自己冷靜下來。所以雅斯敏就待在房間裡，聽著樓下的三人坐在餐桌旁談笑風生，自己一人聽著他們用餐的刀叉碰撞聲，從來沒有人來問她餓不餓。後來雅斯敏開始在房間裡儲放食物，因此待在自己房間裡的時間更長了。

這種情況逐漸成為常態，雅斯敏還會想辦法違抗父母，然後母親就會搖著頭說：「雅斯敏，我不知道還能拿你怎麼辦。」夜裡，雅斯敏會躺在床上，哭到睡著，暗自希望母親聽到哭聲會前來關心她。雅斯敏不是故意不吃東西，這只是她表現痛苦的一種方式，隨著體型變得越來越瘦弱，母親雖然看出不對勁，但雅斯敏叫她不要理她，母親就照辦了。母親從來不問她發生什麼事，也不會逼她吃東西。

雅斯敏在附近的飯店找到服務生的工作後，飯店員工就成了她的替代家人。飯店經理為人溫暖、慈祥，客人用餐時段結束後會為她在員工餐桌留一個位置。她在飯店打工度過許多快樂時光，也找到替代父母和手足的人，他們關心、在意她，不過也更加突顯真實家人的冷漠。輪班結束後，雅斯敏越來越不想回家。

飯店裡幾位女員工合租公寓，她們邀請雅斯敏隨時來借住。後來雅斯敏越來越少回家，偶爾回去只是為了拿東西或探望妹妹。雅斯敏協助妹妹做功課時，母親會在旁邊走來走去，禮貌性地閒聊幾句，不過話題都不會太深入。

到了後面幾次療程，雅斯敏的母親也會一起參與，雅斯敏開始願意向母親吐露一些心聲。當母親聽到雅斯敏以為自己漠不關心時非常心痛，她說她不想讓雅斯敏不高興或讓情況變得更糟，所以她從來不會強迫雅斯敏。她以為順著女兒的意思就是為她好，也試圖說服自己這只是青春期暫時的叛逆階段，女兒總有一天會回心轉意。她好幾次想到飯店去叫女兒回家，不過最後還是無法下定決心，因為她害怕這又會引發爭執。雅斯敏的母親害怕衝突，即便對方是自己的女兒。她自己的成長過程就是這樣，因此也是如此教養子女。

雅斯敏需要知道，母親關心她，願意為她設立界線、提供保護。她的母親屬於安撫型討好者，維持和平的方法就是不管關在房裡的女兒，不過雅斯敏還小，可能拉不下臉自己走出來，她需要成熟、有智慧的大人來引導。雅斯敏需要知道自己的脾氣沒有危險性，不需要靠自己恢復平靜。她需要的是母親的擁抱和安慰，需要母親告訴她：你的脾氣不會傷害我，這很正常，我有能力處理。她需要的是界線，一個能夠獲得包容的安全環境，不過母親只是放手不管、視而不見。

因為關心，所以拒絕

以安撫或其他討好模式來討好子女會傳達出錯誤訊息，他們可能以為你漠不關心，所以懶得設定合適的界線或出言拒絕，不願勇敢、用心地處理衝突。雅斯敏的母親試圖藉由忽視女兒的挑釁行為來討好她，對女兒百依百順，不過這麼做反而害了她。

我記得一位青少年案主告訴我，某天放學回家後她與父母大吵一架，他們沒收她的手機一週。當時她大吼大叫，說她恨他們，不過後來意外地發現，手機不在身邊令她如釋重負。那一整週，她可以告訴朋友自己邪惡的爸媽不准她用手機，因此放學後不必與惡劣、互相中傷的女同學互傳惡毒的簡訊。她不必親自拒絕，因為爸媽已經替她拒絕了，他們比她更明白事理。我記得我小時候，不管在學校發生什麼爭執，一切到下午三點半放學時間都會告一段落。所有衝突都留在學校大門內，經過一個晚上，爭執的各方有時間喘口氣並退後一步，到了隔天早上，怒氣多半都消了。不過現在每個小孩口袋裡都有智慧型手機，因此青春期的狗血劇情沒有消停的時間，經過一個晚上甚至會越演越烈。

孩子可能偶爾需要家長把他們從青春期混亂的人際關係之中拉出來，雖然孩子很可能不會心存感激。那位青少年案主的家長冒著暫時被女兒討厭的風險，甚至讓她在學校把他們描繪成反派人物，不過這正是家長必須做的事。由於願意被討厭，他們才能為女兒畫下界線，提供一個安全的喘息空間。

你的孩子會有很多朋友，但只有一組家長，所以請扮演好家長的角色。也就是說，**你必須設定界線，不是你小時候家長為你畫下的界線，也不是社會的界線，而是親子透過討論，協商出雙方都能自在遵守的界線。**

符合現狀的教養

拒絕子女的時候，你有什麼感覺？

也許你不喜歡拒絕別人，所以你每次都答應，或用「以後再說」來搪塞。也許拒絕別人會讓你產生罪惡感，或是擔心對方討厭你，或者你想給他們自己過去未曾擁有的東西。

我們必須整理自己的界線，以適合當下情況的方式教養子女，而非緬懷過去或設想未來。該答應就答應，該拒絕就拒絕。

如果因此出現罪惡或焦慮感，我們有責任自行排解這些感受，瞭解這種情緒所傳達的需求並加以滿足。向子女傳達前後不一致的訊息並沒有辦法滿足自己過去的需求。

回想自己成長的過程。

家長允許你做什麼？不准你做什麼？也許你當時錯失或未曾擁有某些需要的東西；也許你希望家長多給你一些自由，或多一點保護。不要透過子女來補償自己未獲滿足的需求，這不一定是他們需要的東西，如果想要自由或保護的是你，就大方給予自己這些東西吧。

如果你小時候都是穿別人的二手衣物，大人叫你縫縫補補、將就一點，等你有了自己的小孩，可能會用各種新玩具來溺愛他們，彌補自己的成長缺憾。我有一位案主是位優秀的父親，他努力工作、功成名就。他自認「耳根很軟」，總把孩子放在自己之前，盡可能滿足他們的所有願望。有一年聖誕節，他買了終極樂高千年鷹號（Millennium Falcon）盒組送給自己，彌補自己拮据的童年，成長過程中他都只能欣羨地看著其他小孩的玩具。此舉堪稱自我教養的典範。他知道什麼時候該滿足小孩，不過關於寵愛自己，他才剛踏出第一步。

請回想過去，先滿足自己兒時的需求，這樣你才能滿足子女現在真正的需求。

面對青春期子女，你害怕什麼？

如果子女步入青春期，而你對他們的行為感到不安，請問問自己害怕的是什麼？雅斯敏的例子也許看似極端，不過對許多家長來說，害怕自己的子女變成雅斯敏那樣，擔心他們行為脫序、吸毒、輟學、自我傷害常是過度調適（over-adaptation）的根本原因。身為成人，我們的經驗自然比孩子豐富，我們知道哪裡可能有陷阱，我們曾透過自己或別人的錯誤學到教訓，自然而然會想要盡己所能引導脆弱的青春期子女遠離險阻。不過現實是，他們的成長經驗與我們不同，他們也有自己要擔心的事，因此你反而把你自己的恐懼累加在他們的擔憂之上。以恐懼為出發點的教養對親子雙方無益，**我們的目標並不是防止子女失敗，而是要教導他們從錯誤中學習，並提供安全的環境讓他們磕碰摸索。**

要記得，被青春期子女討厭再正常不過，某種程度上也是必要的。沒有摩擦就沒有改變的動力，無法發展獨特的個性，成為獨立自主的成人。根本來說，子女必定會叛逆，或許也必須暫時討厭你，為的是順利離家、獨立成人。試圖理解這個過程，不要執著於表象；理解他們話中的意涵，而不是字面意義。表象可能令人難以接受，聽起來像是在針對你，甚至牽涉人身攻擊，不過成長過程的主角是他們，以及他們與自己的變動關係。

他們的言語可能像飛彈一樣傷人，但要記得導彈不是瞄準你，盡可能瞭解他們話語背後的意涵與需求。讓他們知道你能理解，這是給他們最棒的禮物：知道自己能夠脫離父母、從錯誤中學習、以自己原本的樣子獲得接納。這樣一來，他們就能培養出自尊與自信，安然成長，免於成為討好者。

悲傷與討好者

討好者之所以成為討好者，無法忍受悲傷是主要原因之一。他們無法忍受其他人的失望，因此賣力取悅對方，以別人的快樂聊以自慰。他們也不敢讓自己感到悲傷，於是否認這種感覺：「過去無法改變，所以何必沉溺於過去？要是害別人傷心，於是離開我們怎麼辦？要是我開始哭就停不下來怎麼辦？」

這些討好者的家長可能試圖在事情出錯時提振他們的心情、幫助他們轉移注意力、說笑、急於幫他們擦乾眼淚或馬上開始著手解決問題。這些策略傳達出的訊息是，我們不應該感到傷心，一定要不計代價避免；傷心是不受歡迎的情緒。家長會把自己的討好行為模式交棒給下一代，我們不希望孩子也變成討好者，因此我們必須做出改變，否則必定重蹈覆轍。

沒有人想要傷心難過，受虐狂才會享受失去的心碎感或期望落空的失望，不過**傷心是最難以避免的情緒**。人生必定會遭遇失去及失望，悲傷所帶來的混亂毫無規則可言。沒有什麼東西會永遠存在，天下無不散的筵席。當我們心愛的人死去，或我們喜愛的事物結束時，我們本來就會感受強烈的情緒，這顯示我們關心、在意。**這股情緒也能激勵我們尋找人生的新意義，告訴我們未來應該更加把握什麼事物**。

如果你感到傷心，強迫自己壓抑情緒無法使悲傷消散。我們必須知道，就算感到難過也沒關係，而且這種情緒會慢慢淡化、遠去。如果刻意壓抑，悲傷反而會一直留在原地，迫使我們採取分心或轉移注意力等不健康的手段，使我們無法正視自己的感受，進而無法傾聽這些感受所傳達的需求。

我們的孩子也會感到悲傷，他們需要知道自己可以展現悲傷。如果你用痛苦或憂慮的表情來回應孩子的悲傷，或是不理不睬，又或只是一味想要哄他們開心，他們以後就不會再向你顯現悲傷。這不代表他們永遠不會再傷心難過，只是他們會選擇獨自應付。他們可能會覺得傷心是危險的情緒，因為悲傷會傳染給其他人，或以為自己沒有正當理由感到難過，因此應該忽略這種情緒。他們會藉由控制自己的情緒表現來防止你出現某些反應，於是另一位小小討好者誕生了，情緒依賴又建立起新的連結。

如果我們無法忍受看見子女傷心，我們可能使出討好策略來討他們開心：對他們百依百順，為他們調解感情紛爭，或在不適當的時機強推正向樂觀的心靈雞湯訊息。如果孩子被朋友排擠，感到傷心是很正常的；生日派對結束時難過地大哭也合情合理；考試遭遇挫敗、分手、心愛的寵物死去時，我們應該提供一個安全的空間讓他們盡情哭泣。**傷心是自然的治癒過程，能幫助我們逐漸接受世界的混亂及人生的高低起伏**。

討好者希望自己的子女永遠開心快樂，不過如果孩子知道自己有能力克服悲傷，整體來說，他們的人生會順利得多。我有幾位青少年案主透過自殘來轉移悲傷，或是以挨餓來控制痛苦。有時候，他們真正需要的是關心的家長，包容他們強烈而可怕的情緒；他們需要能夠信賴的對象，能牽起他們的手、陪伴他們。當然，孩子也會需要我們幫忙提振心情、轉移注意力或解決問題，但這些作法都不能取代「你可以表現悲傷」、「傷心很正常」、「傷心會消逝」的認知。看到孩子傷心令人心痛，我們也需要流淚的空間，也需要可供依靠的肩膀，這樣當孩子需要我們時，我們也能提供肩膀讓他們倚靠。我認為**家長應該讓子女看到自己哭泣的樣子，讓他們知道悲傷是人生中再正常不過的一部分**。

最近，我們帶兩個小孩去看最新的《獅子王》電影，我丈夫說他坐在那一排最靠邊的位置，當電影演到木法沙被邪惡的刀疤推下懸崖，徒留年幼的辛巴面對父親之死時，他聽到我和女兒嚎啕大哭。我們走出電影院時，女兒牽著我的手，已經重新綻放笑顏，轉頭對弟弟說：「這部電影好讓人激動，對不對？」電影令人傷心，不過沒關係，傷心會過去，而我們會繼續前進。

下次你因電影或歌曲感動落淚時，試著讓孩子看到你難過的樣子，一開始你可能感到不自在，不過你可以向他們解釋，這沒什麼大不了，只是顯示你在意某件事。看見你傷心之後平復情緒，往後他們就會學習仿效。**不要討好，請提供教養，他們更需要後者**。

教會自己面對失去

面對失去，悲傷是正常的反應。我們現在排解悲傷的方式能透露過去的失去經驗。有時候，我會請無力處理悲傷的案主回想自己對於失去最早的記憶，我能藉此稍微瞭解問題可能的根源，漸漸引導他們卸下防禦，接受失去的事實，讓自己重新獲得勇敢、真誠過活的自由。耽溺於失去毫無幫助，但如果急於重新出發，尚未充分感受情緒、接納失去的事實、理解其中的意義，這樣也沒有助益。

回想自己最早的失去經驗時，也許你還記得當時的感受和大人對你的要求。你悲傷的原因可能是祖父母或寵物過世、與朋友絕交、搬家、轉學，或是遺失珍愛物品，也許大人鼓勵你放下悲傷的記憶，盡快重新站起來；也許他們不太願意和你談論悲傷的經驗，或是你發現談起這件事會令身旁的人感到難過。現在想像你接收到完全不同的訊息：「**你可以感到傷心，我會陪伴你，你可以慢慢來，悲傷的感覺會慢慢遠去，你會沒事的。**」如果當時沒有人這樣對你說，**現在你可以允許自己悲傷，同時這也是給予子女最好的贈禮**。

我們不希望子女傷心難過，但這沒辦法保護他們免於悲傷，不過他們不應該自行排解情緒，也不需要顧慮我們的反應。也許你小時候必須顧慮家長的感受，也許你就是這樣長大的，也許這就是你成為討好者的原因之一。

7／特殊時刻的討好

對討好者來說，聖誕節的真正意義是花錢、準備與壓力；討好者在自己的婚禮上感動落淚，是因為所有的規畫終於結束了。我們希望這些時刻獨一無二，因此背負著超高期望，也必須面對失望的可能性。

精心規畫的佳節

人家說，聖誕節洋溢著善意，乘載著傳統，但我最近讀到，傳統的定義就是死人給的同儕壓力。不論你們有什麼家族傳統，你必定感受到此時節追隨傳統的壓力：眾人期望值升高，情緒變得濃烈。百貨公司在節日數週以前就打起如意算盤，放送令人多愁善感的廣告，推銷家人團聚與和樂融融的美好願景。有些討好者熱愛聖誕節，或至少喜愛聖誕節的概念。佳節是討好的大好機會，不過現實經常令人失望。Instagram 貼文中的手作禮品造價不菲，但成品通常差強人意；在美好的聖誕節早上穿著成套睡衣的畫面總不如預期；

精心規畫的跨年派對也只是徒增壓力，並突顯倒數之後的惆悵。

人們很常在聖誕節期間陷入反思，以顯微鏡細細檢視自己的人生，與Facebook中經過華麗包裝的貼文相比較。這段期間我們更容易注意到快樂之中的空洞，或是消失在我們人生中的人們。佳節逼我們正視飛逝的時光，當我們細數未來還有幾個闔家共度的聖誕節，不免體會到人生短暫，孩子再幾年就要離家，年邁父母可能不久於世。聖誕節應該是一年當中最美好的時節，這下問題來了，為了讓聖誕節無比美妙，我們必須面對排山倒海的工作量，為所有人扮演各種角色，同時出現在多個地方，預算不能設限，擠出無窮無盡的興奮之情。對討好者來說，聖誕節是一大陷阱。

如果你也對聖誕節的失望深有體會，也許節日本身不是問題所在，而是你對自己的期望過高，以至於無法滿足於當下的現實：聖誕節就和平常一樣，很可能並不完美，但你還是能討好自己。

案例／**丹尼絲**

假期過後的第一次療程通常很有意思。不少案主原本滿心期望今年聖誕節將與往年不同，結果卻對現實發展大失所望地回到診間，丹尼絲（Denise）就是其中之一。

丹尼絲踏進診間時形容枯槁，她說她從節禮日（Boxing Day，譯註：聖誕節翌日）那天起就因為過度勞累而臥床不起。十二月並未按照計畫進行，丹尼絲營造平靜聖誕節的好意被家人的期望淹沒。一如往年，在假期前幾週，她就開始採買包裝完美的禮物，熬夜增刪待辦事項清單、大量製作她的招牌香腸卷，為這些事情忙得焦頭爛額。聖誕節當天，她扮演完美女主人的角色，使出渾身解數連續兩天擺出一桌聖誕大餐，顧及所有人最愛的菜餚，餐桌妝點得精緻華麗，堪與雜誌封面照比擬。

最後一位客人離開後，丹尼絲累倒在床上，筋疲力盡，好幾天都下不了床。臥床休養時，她回想前幾天發生的種種，納悶自己怎麼又重蹈覆轍。丹尼絲意識到，她的目的不是打造完美的聖誕節，也不是為了讓每個人備感獨特，而是她心中的安撫型討好者無法容忍看見家人間的裂痕暴露在外，因為在她心目中，聖誕節應該是歡慶愛與團聚的時刻。不過事實上，裂痕存在已久。丹尼絲小時候父母就離婚了，而她童年大部分的聖誕節都得來回兩個家庭。她是在特殊時節中牽起父母的黏著劑，而她一心要讓這些特別的日子保持完美，不計代價。

說完來龍去脈後，丹尼絲深吸一口氣，微笑說道：「至少到明年聖誕節以前，我可以喘口氣了。」

但是事情還沒結束。與其鬆一口氣，將聖誕節的勞累拋諸腦後，現在正該深入剖析自己的討好模式，趁著今年聖誕節的種種仍然歷歷在目，釐清未來該怎麼做，才不會讓同樣的事重演。

記取節慶疲憊的教訓

不管是出岔錯或圓滿落幕，我們都可以透過反省來吸取教訓。丹尼絲慶幸聖誕節總算結束了，但如果她不趁此機會反省，就無法記取今年奔波疲憊的教訓，明年仍會上演同樣的戲碼。事實上，對討好者來說，從夏末人們開始談論假期計畫與期望時，聖誕節就已悄然揭開序幕，而一直要到隔年一月底才會正式結束，這時討好者才逐漸從節慶的疲憊中恢復過來，將聖誕裝飾與失望一同打包收拾起來。

這占了一年中的大半時間，值得你提前花點心思好好想一想。在特殊時節中，我們內心的討好心態是最終必然失望的根本緣由。提前認清事實，你就懂得如何討好自己，也能獲得更舒坦自在的結果。不要像丹尼絲一樣，妄想等到禮品店再度擺滿包裝紙、電視出現聖誕廣告時再來正視問題。

訂製聖誕節

回想去年聖誕節，或任何一個傳統節日，你還記得當時情景嗎？你能或不能接受怎麼樣的安排？

也許和丹尼絲一樣，節日對你來說充滿壓力、令人疲憊，你身上同樣背負著營造「完美」氣氛的壓力。

如果你發現自己並不喜歡聖誕節的某些安排，請問問自己：那你為什麼還要這麼做？你家的聖誕節有哪些規矩？也許家人期望所有成員在聖誕節團聚，即便原本的家庭單位已經不存在了；也許你背負依往常模式舉辦聖誕聚會的壓力，即便你時間不多而且準備工作勞累而乏味；也許你被要求暫時放下所有分歧，把真正的自己留在門外，犧牲自己的需求，以便滿足其他人。

現在想想看，你希望聖誕節帶給自己什麼感受？

如果你能揮揮魔杖，你心目中的理想聖誕節會是什麼樣子？

與其與大家族團聚，也許你希望有時間與小家庭或親近的朋友相處；比起傳統的聖誕節烤雞與配菜，也許你更想吃些別的？你厭倦了不實用的交換禮物，或者想要擺脫陰沉的天氣到某處溫暖的海灘度假？這樣的場景不必只是想像，你可以為自己規畫理想的聖誕節。理想中的聖誕節不一定完美，不過在這樣的假期裡，你可以用各種方式討好自己。

你可能會發覺，你想像中的聖誕節完全可行，只需要一些重新協商就能實現；或者，你可能意識到，自己的願望將面臨反彈，也許會對別人造成困擾或引發負面反應，因為討好自己可能揭穿聖誕節的陰謀。

聖誕節的陰謀

就算家庭成員其實互看不順眼，大家族平常透過距離保持美感，聖誕節一到，眾人還是會突然深信此時必須團聚。當子女成年，有了各自的伴侶、孩子和姻親，仍然期望重現過往的聖誕節其實並不實際。對於一年當中獨一無二的特別日子，所有疏離的家庭成員、繼親、數代同堂的大家庭及姻親都有各自主觀的傳統，再加上你自己的想法與信念，各種期望混雜在一塊，衝突一觸即發。零售業更是伺機而動，企圖向你推銷聖誕節的意義與重要性，試圖說服你為此花費大量時間與血汗錢。

以完美假期為主題的溫馨電影也是共犯之一，讓我們以為如果有人聖誕節當晚並不

是懷著 #blessed（幸福感）入睡，那今年的聖誕節就算是失敗了。不管這一整年相處有什麼摩擦，我們都必須暫時放下，因為聖誕節不能吵架；平常話不投機的親戚也必須犧牲寶貴的休假時光相處，就為了傳統家族儀式。公司強制員工參加聖誕派對，交換禮物活動也需要熱情參與，不論你是否喜歡，都必須吞下一大堆果餡派（mince pies，譯註：英國聖誕節及新年傳統甜點）。以上都是社會公認的聖誕節習俗，所有人都必須遵守。

抵抗型討好者對這些傳統嗤之以鼻，不過他們全然排拒的態度也使之錯失某些聖誕節相關的正面經驗；安撫型討好者試圖讓所有人滿意並避免衝突，未曾顧慮自己的需求；而影子型討好者從送禮獲得滿足，但如果沒有收到回禮，他們會相當難受；典型討好者會接受所有派對邀約，嘗試以各種方式烹調球芽甘藍（Brussels sprouts，譯註：聖誕大餐必備菜餚之一），因此累壞自己。

以上各種類型的討好者有一個共通點：他們都極力避免失望，就連抵抗型討好者也不例外，因此他們先放棄一切希望，這樣就不會失望了。其他類型的討好者可能答應每件事，答應所有人，擔心害別人失望。

討好自己意味著允許自己失望的空間，為的是追求更美好的事物。改變可能很困難，可能帶來衝突，不過也可能是某種美好事物的開端。如果沒有人喜歡烤火雞，也許該換道菜了；如果你不想在老家童年的小房間中留宿，不妨考慮訂間旅館；如果你討厭跨年夜強顏歡笑的派對，請以適合自己的方式迎接新的一年，不論寫日記或到大自然走走，以你真心喜歡的方式為自己充電。**我們本來就應該不斷成長、改變，傳統不該把我們禁錮在過去，而是應該與我們一同與時俱進**。為今天的自己創造新的傳統，依自己的需求調整傳統，而不是把自己放進傳統的模子裡。

罪惡感與討好者

有時候，其他人可能對你討好自己的選擇感到不滿，這會令討好者心生排山倒海的罪惡感。

內疚是自然、正常的感覺，目的是讓我們意識到自己犯了錯。如果我們的確犯錯，那解決方法很簡單，就是誠心道歉並彌補、改正錯誤。但如果我們其實沒有犯錯呢？又是誰來決定是非對錯？也許單純做自己、秉持不同意見或滿足自己的需求會令你心生愧疚。故意或不小心惹惱別人是不對的，但如果對方因為彼此想法不同而生氣，就不必把他們的反應放在心上。在這種情況下，彌補或道歉都不是解決之道，不論我們如何討好都無法得到心中的平靜。

我們可能把無謂的罪惡感轉為對自己的憤怒。如果對方因為我們的拒絕而感到失望，我們其實沒有做錯什麼，不該心懷愧疚，但我們可能因為對方無理的反應而生氣。如果小時候不被允許生氣或捍衛自己，我們現在也許認不出這種感覺，而是會轉而對自己發怒，因拒絕別人而感到難受。

罪惡感出現時，關鍵的問題是：「我做錯了什麼嗎？」此時評斷標準不是對方的信念系統，你要自己做判斷。要注意的是，這個問題不等於「我是不是影響到別人？」或「我的選擇是不是讓別人不高興？」如果你發現自己在特殊時節心懷愧疚，你可以詢問自己以上問題，釐清你的感覺到底是做錯事的內疚自責，還是不滿對方無理的反應，卻轉而對自己發怒；或是因為意識到對方不重視自己，因未能獲得對方的尊重與理解而感到傷心？如果混淆上述感受，你可能終身被無謂的罪惡感糾纏。如果任何選擇只要影響到別人，你都會感到難受，那你只好放任對方替你做決定，放棄為自己負責，藉此逃避負面感受，因為無法忍受罪惡感而選擇循規蹈矩。

收拾行李，踏上愧疚之旅

如果有人利用罪惡感來操控你的選擇，這其實是情緒勒索或強迫，你不須為任何事道歉，有錯的是他們。我們不能活在別人的標準之中，我們只能依照自己的原則行事。我們無法完全避免影響到他人，也不該這麼做，彼此影響是人際關係關係的基本。如果我們沒有做錯任何事，但有人對我們的選擇感到不便或失望，排解這種感覺是他們自己的責任。自戀者喜歡占討好者的便宜，如果對方把自己的需求強加在我們身上，我們應該感到憤怒，而不是心懷愧疚。他們跨越界線，聲稱自己的主觀需求更急迫、行事方式更優秀、他們家的傳統更重要。重申界線時，憤怒是正常、良性的感覺，我們應該把解決自己需求的責任還給對方。

如果罪惡感不是來自犯錯，我們沒有犯下內心道德羅盤所不允許的事情，這樣的罪惡感特別令人不知所措，我們對無的放矢的愧疚無能為力。我們必須維護內心的道德羅盤，要求自己負起應負的責任。如果自己確實犯錯，那我們的確應該彌補過錯，但如果傷害不是我們所造成，賠禮道歉也無濟於事。我常聽到討好者試圖說服別人認同自己的觀點或批准自己的行為，為自己的行為找理由、正當化自己的行為，藉此逃避罪惡感。一位案主告訴我，他太太對他假期安排拜訪朋友感到不滿，「她說我直接決定那天沒有要去探望她的家人，她說我把自己的決定強加在她身上，但我跟她說，才不是這樣，你想去哪就去哪！」我點出，嚴格來說，他的太太說得沒錯，他的決定的確影響到她。不過關鍵是，他有權利這麼做，不必感到愧疚，他不必說服太太認同自己，他的行為原本就合情合理。**我們可以承認，對方對我們的選擇感到失望，不過排解失望的感受不是我們的責任。**

人生中最快樂的一天

對討好者來說，聖誕節不是唯一的棘手時刻。不論是一年當中最美好的時節，或是人生中最快樂的一天，對討好者來說，婚禮充滿一連串令別人或自己失望的陷阱，艾美（Amy）規畫這神聖的一天時深有體會。

案例／**艾美**

艾美訂婚時興奮極了。她買了以亮面紙質印刷的新娘雜誌，在搭乘火車下班返家的途中細細閱讀，如果看到中意的婚紗或優雅的挽髮造型，就在書頁上折角作記號。她之前當過伴娘，也曾陪伴朋友採購婚紗，看著朋友的夢想在緞面蕾絲婚紗中成真，其他人在一旁喝著氣泡酒鼓譟起鬨。現在輪到她了，她迫不及待地拆開準新娘筆記本，不過艾美很快發現，規畫婚禮對討好者來說是一大苦差事，每個決定都會遭遇不請自來的指點與建議。不管是蛋糕、花卉布置、樂團或致詞，每個人都有意見和意圖。

艾美擔任私人助理，她善於策畫活動。身為典型討好者，她會使出渾身解數滿足每一個人，就連最難取悅的賓客也不得不點頭稱善。不過這次情況不太一樣，不管艾美怎麼做，似乎總有人有意見，彷彿這些賓客都期待艾美為他們舉辦一場量身打造的派對。到最後，艾美發現，如果只是在蛋糕上順應民意就算了，但如果要破費舉辦盛大、譁眾取寵的婚禮就太超過了。艾美得面對一大堆代辦事項、電子郵件和請款單，除此之外，還不停聽到別人說某某人如何如何辦得更好。

艾美一直想要一個小型婚禮，她不想要姊姊前一年的那種大排場。她希望辦一場低調、親密的婚禮，她希望能在婚禮上感到自在、展現自己的樣子。他們找到一個完美、溫馨的穀倉改建婚禮場地，最多只能容納四十名賓客。因此當艾美收到準公婆電郵寄來的一長串賓客名單時，簡直嚇傻了，名單中有一大堆不熟的遠親。她的未婚夫試圖勸解自己的爸媽，他說就算在路上碰到這些遠親他也認不出來，不過他的父母相當堅持，他們參加過這些親友子女的婚禮，現在自己的兒子要結婚了，對方也期望收到喜帖。他們說，婚禮的重點不就是家庭嗎？到最後，艾美妥協了，訂了一間飯店會議室，可以容納這些遠房表親，但她已經覺得這不是自己的婚禮，彷彿是在替別人規畫人生大事。

邀請函也讓她忙得暈頭轉向。她搜尋當地飯店和旅館，把地圖和交通路線印出來，盡心盡責地設想所有人的喜好及預算價位。不過賓客簡直把她當成私人秘書，向她抛出一大堆問題：可以幫忙安排火車站到婚禮會場的計程車嗎？會場方便停車嗎？飯店房間有浴缸嗎？還是只有淋浴間？邀請函上說不建議帶小孩，但我可以帶我的雙胞胎去嗎？

艾美已經束手無策，她說：「如果我真的是討好者，那我怎麼沒看到受到討好而心滿意足的賓客？」

她的賓客更像是「奧客」，自以為有權主張自己的偏好或堅持己見，完全不像是接受艾美盛情邀請的有禮嘉賓。

討好貴賓

討好者擔任東道主時，要注意所謂的「賓客悖論」，也就是說，扮演賓客時，社會規範要求你感謝並接受主人的一切安排；但扮演主人時，規範要求你熱情、好客地接待賓客，設想他們的喜好並據此調整安排。討好者很容易落入陷阱，在任何場合中順從他人的願望，從來不會指出規範的矛盾之處。

婚禮那天，艾美並不覺得自己是一位新娘，比較像是派對策畫師。她為照片擺出笑容，不過這場婚禮已經從小女孩的夢想變成客戶管理工作。她熟悉自家的習俗，不過在規畫婚禮這件事上，她還有另一個全新家庭要討好，他們的觀點及優先順序與自家大不相同。除此之外，還有一群更重視社交活動而非新郎新娘的朋友。艾美試圖為所有人打造美好的一天，把自己的願望拋在腦後。婚禮當天的相簿寄來時，她看著照片中的自己，只看到一個努力讓每個人滿意，卻忘了討好自己的新娘。

兩家規範的碰撞

新娘的壓力雖然只是暫時的，卻顯示更深層的問題及情緒包袱。人生大事及重要場合會暴露現有關係的裂痕，任何一個瑣碎問題的背後都可能藏有根深柢固的複雜家庭關係。雙方姻親各自對傳統與特殊時節的想法在此時交會，兩家的規矩第一次發生碰撞。

婚禮與婚姻的目的不該是取悅別人。事實上，婚禮象徵新人脫離原生家庭，共同組建新的家庭，培養新的規範與習俗。艾美犧牲自己的需求，只為安撫這些提出要求完全不害臊的人。婚禮賓客對新人的決定不該有權置喙，但如果新人自己沒有設立界線，對方也無從遵守。規畫特殊時刻時，與其在受迫之下被動做決定，或順從阻力最小的選項，不如先釐清自己重視哪些面向，從一開始就守住底線。如果我們放棄抵抗，重拾舊有的討好習慣，我們可能暫時感到鬆了一口氣，但同時也放棄自己真正想要的體驗，未能以自己真實的模樣獲得接納、與人互動。

也許你該揮別這些不欣賞你真實樣貌的人，因為外頭還有很多人願意重新協商，與你一起改善關係。你可能還會發現自己生命中有些人原本就瞭解真實的你，並願意付出無條件的關愛。

艾美結束蜜月返家後，意識到自己的討好行為毀了婚禮，於是開始設立界線，撥出時間照顧自己。她告訴我，她最好的朋友一連好幾天打電話來，她都沒有接，之後對方突然出現在她公寓門口。

「我一開門，她就說：『別擔心，我知道你想靜一靜，我尊重你，但我只想給你一個擁抱』，說著她就伸出手臂抱住我。抱完之後，她就轉身離去，她說：『明天再打給你，你不接也沒關係！』隔天她的確打來了，我也真的沒接。我不必討好她，這種感覺棒透了。」

特殊時刻只是另一個以自己原本的樣貌付出關愛、享受被愛的機會，如果有人持相反意見，我們不必採信。如果有人說，這一天比其他日子更重要，應該不惜破費或依照他們的方式進行，他們只是在胡說。聽信的人只是稱了他們的意。

特殊時刻及其人為附加的意義提供某些人發表高見的演講台，讓他們誇大渲染自己在意事情的重要性，可能是派對、禮物、家庭時光、聖誕節卡片和信用卡。不過最重要的是，你在意什麼？不是要你完全忽視其他人的願望，只是要提醒你，你自己的想望值得排在優先地位。要知道，光靠一個完美的聖誕節無法維繫家庭，就像光靠情人節卡片無法維持婚姻。如果有人要求你依照他們的方式或傳統花時間陪伴他們，這不是愛，也不值得你付出心力。

合適的積極選擇

就算我們看出對方的要求不合理或不恰當，但還是不想要撕裂關係，或不希望在特殊時刻中引發衝突呢？案主有時候擔心，討好自己的唯一方法是完全取消聖誕節或私奔到格雷納格林（Gretna Green，譯註：蘇格蘭南端的熱門私奔成婚地點）。

討好自己的重點其實是做出合適的積極選擇，即便這些決定不一定理想。如果綜觀各個面向並考量替代作法之後，你決定不要在歡欣的時節或具有重要社會意義的場合惹惱其他人，這也沒關係，這不等於討好別人。

只要我們能認清他人無禮行為的本質，大概就能應付這類行為的短暫發作；如果你知道這種行為是他們自己的問題，來自無知或缺乏安全感的防衛心態，你就可以從成熟、寬容、自主的角度出發，選擇暫時容忍。不過你可能會需要設定待在這種情況中的期限，並在脫離這種情況之後，重新排定優先順序，藉此徹底卸下任何殘存的討好壓力。和無法無條件接納你的人相處之後，你要意識到這種經驗帶來的創傷後倦怠感，後續幾天透過適度討好自己來恢復精力。

綜合考量各種原因後，**如果你決定為了特殊時刻在一定的時間範圍內犧牲自己的需求，請務必透過預先討好自己注滿能量**，並在特殊時刻結束後盡快補充儲備。避免長時間一連數月的勾心鬥角及討好，就不必在事件之後花費數星期從爭執與失望中恢復精神。如果你不得不擱置自己的需求，就把這種情況當成暫時偏離路線，脫離正軌時花了多少心力討好別人，事後就以同等心力討好自己，盡快回歸正道。

預防討好的前置作業

如果某個特殊時刻即將到來，令你感到龐大的討好壓力，你該如何拿捏自己的界線？

想想看，你願意付出什麼，那就主動付出，不要等人提出要求。想清楚自己不願意做什麼並堅守原則，別人不該要求你在自己與他們之間做選擇，如果非得如此不可，請選擇自己。

想想看，特殊時刻結束之後幾天，你會如何告訴自己，你已經回歸平常討好自己的模式？

要知道，特殊時刻中你不必展現全部的自己。你可以把自己想成由不同部分組成的人：「成人」的部分執行日常工作，而「孩子」的部分負責傳達感受。在特殊時刻中，如果「孩子」在場並不安全，你就不必帶上他們；換句話說，如果這時你特別脆弱，就暫時把情緒收起來。

丹尼絲的爸爸已經不在了，而她與繼母關係複雜。她不希望聖誕節時完全不去探望繼母，只是希望節日之後返家時不會那麼洩氣、無精打采。我們一起想像把「孩子」的部分留在門外，只讓「成人」進門交換禮物與寒暄會是什麼情況。

過去，丹尼絲一直試圖討好繼母，而現在她可以把自己的纖細感受留在安全的地方，以免在特別敏感的時節被不體貼的人刺傷。只要收假返家時記得找回自己的情緒，重拾討好自己的日常就行了。

避免落入討好陷阱，而決定要討好自己的意思是，你如何待人，至少也要以同等程度的體貼對待自己。對所有人秉持善意，對象當然也包括自己。如果有人堅持要你優先處理他們的需求，這一點也沒有節慶氣氛，在情緒高漲的場合中面對這種人時，你應該畫清界線，藉此保護自己。

即便沒有面對面互動，我們仍須保持界線，在線上的虛擬關係中更是如此，下一章將進一步說明。

8／網路上的討好

Instagram、臉書（Facebook）、推特（Twitter）等社群網路提供眾多建立聯繫的機會，讓我們據以建立虛擬社群，以現實世界無法達成的方式發聲並展現自己。

網路也能提供匿名性與距離，討好者可以利用這兩項特點表達真誠的觀點而不會感到困窘。透過網路，他們也可以體驗到展現自己、獲得支持的感覺。自己的意見獲得迴響可以強化自我意識與信念，討好者可以利用網路測試他人對自己觀點的接納程度，藉此累積自信，練習在現實生活中也更真誠地展現自己。社群平台能為討好者帶來助益，閱聽人也能把握難得的機會，傾聽罕見的觀點。討好者重視能否獲得接納，而網路提供一個安全的空間，他們可以在此發現，原本的自己就能獲得接納，無須自我審查或保持沉默，這一點令人寬慰。如果我們的意見有助穩固自己在社會群體中的地位，我們就會更加感覺獲得接納，進而提升自信，更願意參與社群，這對我們自己、重要人際關係與廣大社會都有好處。我們可以在社會中自信地互動，成為重要、有意義、良性群體中的一分子。

討好者在網路中遭遇的問題

不過線上平台也不是沒有缺點，某些網路上的道德出征弄錯了地方，而且又具有殺傷力。社群網路具有相對匿名的特性，不容易遭到報復，因此隱身在螢幕之後的線上使用者可能出現糟糕的行為，說出在現實生活中絕對不會說出口的言語。社群平台具有促進人類合作與溝通的潛力，不過也可能製造出一群惹事生非的霸凌者，秉持正向肯定態度的討好者不容易找到容身之處。

討好者無法倚靠禮貌與體貼的習慣在網路世界中取得認同，他們用來偵測他人反應的雷達在虛擬世界中毫無用武之地，肢體語言、臉部表情及聲音語調的細微變化全都隱藏在螢幕之後，討好者在網路中簡直耳聾目盲，無法憑直覺察覺他人的要求，因此不像面對面互動時能夠掌控對方的反應。WhatsApp上已讀不回的訊息令人失落，這項功能同時也要挾我們回覆群組聊天室中的狂熱管理員，以及回應長舌朋友的牢騷，而且根本不可能在不冒犯他人的情況下「離開群組」。

安撫型討好者踏入陌生的網路世界時，沒有現實生活中慣用的天線協助他們操控他人的反應，只好躡手躡腳地摸索分際，展現乏味而良性的一面。

典型討好者必須使用濾鏡來武裝自己，透過反覆編輯推敲最完美的內文，將照片及貼文改造成普世欣羨的形象，他們的動態必須充滿鼓舞人心的內容，源源不絕供應正向態度，以便獲得公眾讚賞。

影子型討好者也許不常發布貼文，但他們會默默追蹤自己仰慕的網紅，為他們的貼文按讚，以粉絲私訊轟炸他們的收信匣；他們會與酸民針鋒相對，維護自己的偶像；在自己的貼文中標記偶像，幫助他們提升曝光、實現目標。

抵抗型討好者容不下看不順眼的人事物，因此可能完全不使用社群媒體，他們會批評旁人的貼文，徹底屏棄社群媒體的正面價值。

對討好者來說，社群媒體有優點也有缺點，端視使用者的動機與互動方式而定。如果要在網路中討好自己，首先我們要瞭解自己使用社群媒體的原因。

案例／**安妮塔**

安妮塔（Anita）使用社群媒體的出發點大錯特錯。

她二十六歲時因為焦慮與自尊低落開始接受諮商。她述說自己著迷於 Instagram 的問題，她會花上數小時滑動態，瀏覽美女享用美好、健康的早餐，觀賞名人健身後神采奕奕的模樣，或是嫉妒地看著前男友到國外度假的照片，他曬成小麥色的手臂環抱著穿著比基尼泳衣的美女。

她自己上傳的內容也都精心套上濾鏡，她想要向世界呈現自己最討人喜歡的一面。她告訴我：「有時候，我會梳妝打扮準備出門，拍了上百張照片（不誇張），測試每一個角度和每一種濾鏡，但我覺得拍越多照片，心情就越糟。然後我會選出一張照片，搭配自信與自貶比例拿捏得恰到好處的文字，然後把天底下所有主題標記都用上去：#outout（出門）、#lovemygirls（愛我的閨蜜們）、#sorrynotsorry（毫無歉意）、#me（我）、#happy（快樂）、#bodypositive（身體自愛），發布之後，有時我根本不會出門，我會直接卸妝、換上家居服，打開電視。這一切都是謊言。就算我真的出門，我又會整天不停查看手機的按讚次數。如果按讚數量不夠多，我就會把照片撤下來。我痛恨這一切。我鄙視自己做這些事。」

安妮塔以手摀住臉，她對自己不理性的行為感到羞愧，但她無法戒掉在社交平台上討好的習慣，她會不由自主地搜尋哪些主題標記能夠獲得更多按讚次數，或者是吸引更多追蹤者。

另一方面，她也毫不懷疑地採信別人貼文所呈現的扭曲生活，對比他人的完美而自慚形穢。在她發布自拍公開在大眾眼前之前，她早就開始自我批判，印證「自己一文不值」

的預言。

安妮塔曾經嘗試透過約會應用程式尋找愛情，她告訴我，有一個網站並未提供使用者表示「謝謝你，但我沒興趣」的選項，因此線上聊天後如果覺得不「來電」，只能直接封鎖對方。安妮塔曾經被互傳訊息的男生封鎖，她說這樣的經驗讓她覺得自己毫無價值。即便一連好幾個禮拜兩人不斷互相傳訊息，聊天過程也讓她感覺心有靈犀，對方還是可能突然消失無蹤。這種「搞失蹤」的結果讓安妮塔不知所措，不知道哪裡出了岔錯，討好者也想不到其他可能性，於是只能責怪自己。她把自己想得很差勁，於是更加賣力討好下一個聊天對象。

有些人和安妮塔一樣，使用社群媒體的動機有偏差。他們的需求無法在現實生活中獲得滿足，於是轉而希望在網路世界中尋找歸屬感，運用討好伎倆偽造出光鮮亮麗的冒牌者，因此他們在網路中獲得的任何接納也都虛假不實。

安妮塔運用典型討好者的行為模式來尋求人際聯繫，但是這樣的作法無法和無影無蹤的追蹤者拉近距離。她希望能夠獲得人們的理解，但她**從未展現真正的自己，又要如何被眾人看見？**

社群媒體動機

想一想自己參與線上社群的動機。

使用社群媒體的原因？

想想看，社群媒體帶給你什麼收穫？可能正面及負面、預期中及預料之外的影響都有，你能說明這兩方面的結果嗎？

也許社群網路提供展現自己的管道，證明你原本就夠好了，讓你把這份自信帶進網路之外的生活中。

或許你參與線上社群是為了討好別人，以喜歡、轉推、按讚次數來評估自己是否為人接納。

如果是這樣，請自問你如何在網路中展現自己？

你認為網路世界如何看待你？你發布的照片多貼近現實？

自拍照可以套濾鏡，貼文可以經過多次編修，由公眾透過按讚次數決定下場是撤除或保留。

你可以編輯自己、為自己套上濾鏡，不過在追求「按讚次數」的危險過程中，你可能失去自己。你可以分享關於感受的梗圖，但從不展現自己的心情。如果我們不忠於自己，又怎麼能獲得理解？如果其他使用者也都忙於偽裝，又怎麼能真正看見彼此？大家就只是偽裝者互相按讚而已。討好者以貼文獲得的按讚次數、追蹤人數或留言數武斷地評估自己討人喜歡與成功的程度，這種心態有害心理健康。

幻想與現實

別誤把自己真實的生活與他人呈現出的表象相比。要記得，別人在 Instagram 展現的完美生活很可能並不是真的，至少不會是全貌。

看一下自己的線上個人檔案，觀察自己與眾人分享的「表象」，也許你會發現，如果這些照片和貼文是由別人發布，很可能也會令你羨忌不已。你可能曾經在別人的貼文底下留言，只因為覺得自己應該這麼做，或曾轉推某則你自己不完全相信的理念，你的社群媒體生活表象很可能也令他人自慚形穢。你的貼文時間軸可能透露矛盾——分享的上一則貼文一如往常混雜感傷與開心的情緒，不過你發布的柔焦照片有如一張懷舊照片明信片，附註文字傳達出積極與欣喜。

這些貼文只呈現生活的單一面向，所有人都應該謹記這一點，特別是討好者。**你可以偽裝，其他人當然也可以。**

取消追蹤之前

如果你喜歡滑動頁面，瀏覽編排精美的動態，這樣很好，社群媒體上的確有很多好東西能帶來正面體驗，有提振心情或娛樂的功效。就算你看不順眼某人的貼文，至少你可以封鎖或取消追蹤他們，對吧？大家都這麼做：篩選動態，只追蹤讓自己心情愉快的貼文。

不過當我碰到對網路互動感到沮喪的案主時，我發覺更有益的作法是先深入瞭解困擾他們的癥結點，找出更深層次的問題。如果跳過這個步驟，直接完全戒掉社群媒體，可能只是壓下表面症狀，未能處理潛藏的問題，往後不經意看到特定類型的貼文時仍會再次發作。如果精心篩選自己瀏覽的內容，移除可能觸發負面感受的貼文，我們也許可以暫時擺脫不適感受，但這只是治標不治本的作法。另一方面，如果能深入探究負面感受從何而來，未來就不須繼續躲躲藏藏，甚至也能藉此學習如何討好自己。

當然，過濾社群平台向我們顯示的內容可能也是必要措施，不過首先應該釐清這麼做的原因。我們希望在網路世界中保有受傷之後的恢復力，而不只是在不斷變動的環境中求取當下的安慰。

如果你不參與網路社群，花點時間想想看，參與之後你可能會有什麼感受？如果你避免使用社群媒體是因為知道這很可能會觸發憤怒、焦慮或不足的感覺，你是否思考過背後的原因？你還能採取哪些措施，在使用社群網路的同時討好自己？

案例／**馬利克**

馬利克（Malik）以為社群媒體是問題所在，但最令他挫折的其實是他為自己設下的限制。

馬利克談到，很多人會精心把咖啡杯擺放在文學鉅作旁，拍攝朦朧的靜物照，套上濾鏡，然後發布出去，於是他的動態就會出現這樣的貼文，散發出自滿的氣息。他認為這種行為相當可悲，他笑著描述這種現象，不過顯然他對這些照片所傳達的自負與虛榮感到惱火。

我們不必太深入挖掘就發現，馬利克真正惱怒的對象是一位大學時代的舊識，馬利克認為他不論做什麼事，總散發一股莫名的自信，這讓馬利克大為光火。這位舊識和馬利克算是同行，馬利克自認付出大量心力，謹慎研究社會科學領域的最新發展，對方卻總發表一些譁眾取寵的半吊子評論。更糟的是，他因此大受歡迎，吸引大量追蹤者迫不及待想要聽聞更多高見。馬利克的研究實事求是，領著一般般的薪水，而他的同行卻能獲得報酬甚豐的演講邀約及輕鬆的企業研討會邀請。

社群媒體網路提供馬利克的同行高談闊論的平台，馬利克無法忍受對方志得意滿的樣子。除了這位舊識以外，不管是朋友在Facebook上誇耀完美假期，還是同事在LinkedIn吹噓升遷機會，都一樣令馬利克受不了。他也對按讚的人和追蹤者嗤之以鼻，嘲弄這些人居然看不穿那些虛浮的花俏言論。

馬利克輕蔑地提到這位同行最新一則貼文時（老掉牙的禪意格言再加上十多個關於和平與積極的主題標記），我們一起藉此機會暫停一下，稍加反思。馬利克取消追蹤對方，希望擺脫負面感受，不過他的不滿顯示，對方對馬利克來說具有某種重要性，我們必須探究潛藏的真正問題。

「我猜我對他感到惱火，」他說：「我的意思是，他憑什麼這樣大放厥辭？他自以為比所有人都優秀，好像自己說的話有多重要，大家都應該聽一樣。居然有一群白癡還真的洗耳恭聽，把他捧到天上去。他們助長他的氣焰，而他獲得所有功勞，但他根本只是半吊子！這就是我討厭 Instagram 的原因，天底下所有白癡都拿到擴音器。」

投射自己的缺憾

理想上，馬利克希望對方不要再自視過高、目中無人地發布貼文，不過他當然無法控制對方，於是只能取消追蹤，眼不見為淨，或徹底戒掉社群媒體。抵抗型討好者希望自己不在意，可是他們確實在意，否則馬利克根本不會對舊識的貼文感到困擾，可以直接滑過去，不受影響。

抵抗型討好者同樣容易感受到討好壓力，不過和其他類型討好者不一樣，他們不願服從期望，而是加以否認或抵抗，藉此握有些許掌控權。四種討好側寫的一項共通點是，他們都缺乏能動性，無法調整與權威的互動模式，無法自行篩選有意義的事物，於是他們不是全盤接受（像是典型、影子型及安撫型討好者），就是全部推開（例如抵抗型討好者）。如果你身為成人，仍覺得自己必須抵抗權威，也許這代表你缺乏自主權。如果馬利克想要學會討好自己，他必須改變這一點。

馬利克將自己的缺憾投射到那位舊識身上。我所謂投射的意思是，你在別人身上看到你對自己不滿意或否認的部分。我們可能沒有察覺自己的這一部分，不過當顯現在別人身上時，我們會非常看不慣。如果你犧牲自己的需求來討好別人，很可能會討厭別人的自利行為；如果你從不遲到，就會討厭身旁的遲到大王；如果你糾結於事事完美，大概容忍不了別人不把小錯放在心上。

馬利克看不慣大學舊識充分展現權威、散發高度自我價值，因為他不允許自己擁有這兩項東西。馬利克內心深處感到憤怒，因為他從未想像過要向全世界展示自己拍的日出照片，從不相信自己說的話值得大眾聆聽。他的成長過程中，旁人教導他要謙虛、恬淡無為，因此難以忍受舊識打破這些不成文規定。如果馬利克要使怒氣消散，真正應該改變的不是那位舊識，而是他自己。馬利克不該再韜光養晦、隱藏才能，而是該允許自己發光發熱。馬利克應該仿效對方，這聽起來違反直覺，當然我不是建議全盤模仿，不過對方的確有值得學習之處。關於保持謙遜、隨遇而安這些馬利克童年被教導的規矩，現在應該更新了，他該允許自己發聲，為自己爭取一方舞台。

感到挫折的動態

如果你察覺某些動態令你感到挫折，或是某些 Facebook 朋友的貼文容易令你不自在，取消追蹤他們之前，我們先來探究，這些內容喚起哪些情緒？

別人在社群媒體上的哪些行為令你不滿？

也許他們允許自己做某些事、成為某種樣子，但你不允許自己和他們一樣。也許他們肯定自己的價值，但你不覺得自己有這份權利。你可以做出這樣的改變嗎——在自己的人生中更有自信地邁開步伐，別再時時顧慮其他人對你的看法？也許他們發布的內容也隱藏自己的不安。**也許你可以觀察到，他們以這種方式向外界展現自己，目的也是操控他人的反應**。也許他們內心也是一位討好者，只是作法和你不同。

如果你發現自己因對方的貼文感到挫折，也許問題完全不在你身上，這可能是對方在無意之中引發的反應，每個人都和你一樣感到不快，而真正的問題是發文者和自己的關係。假如是這樣，那麼瀏覽他們的貼文時，也許你可以多一分同理心，至少自己的心情能比較不受影響。也許你能擺脫原本抵抗或服從權威的壓力，理解這是早期制約在他們身上遺留的影響，就像我們在〈討好家長〉的章節讀到的一樣。他們也是人，有自己的煩惱及盲點，情況不比你好也不比你差；而你可以讓重心回歸自己的生活，做你自己應做的事、拿出應有的模樣。

假如某些網路內容令你不快，若你願意進一步檢視自己最初的反應，瞭解這些內容引發什麼感受、挑戰哪些規矩，深入探究潛藏的原因，大概會比直接從動態中將之剔除更具啟發性。也許你該更新許可，提供自己和其他人一樣的自由空間，展現自己的模樣與聲音。如果繼續討好別人或從討好平台徹底消失，你終究還是和兒時一樣，處處受限。

戒除網路有用嗎？

觀察哪些網路內容令自己感到困擾，我們可以藉此深入瞭解自己及人際關係；觀察自己離開網路後為什麼感到不自在，其中也大有玄機。

想像自己解除安裝所有社群媒體應用程式，或是一整天完全不使用社群媒體平台，你會有什麼感覺？也許你會想念發布討喜內容時獲得留言或按讚的感覺。因討喜或外表亮麗而獲得的接納是有條件的，如果我們必須滿足一系列條件才能心安自在，這根本不算是心安自在，無條件的心安自在才值得追求。

你獲得的關愛與接納不應有任何附加條件，有時候我們得先放棄這種有條件的接納，經歷這個痛苦過程，才能迎來無條件的接納。你可能必須**拿掉過重的濾鏡，別再發布「網路版本」的自己，你會失去一些追隨表象的按讚次數，不過你會發現，其實你能以真實的**

面貌在網路上互動，也能容忍隨之而來的「喜歡」與「不喜歡」次數。你可以應付支持與反對的意見，任一方都無法支配你。

放下手機後，也許你會感到無聊、與世界脫節，滑手機原本是你填補空閒的方法。人們常常不假思索就拿起手機開始滑，並不是真的需要什麼資訊。思考一下，無聊可能是一種掩護，背後隱藏其他更真實感受，但你可能沒有察覺。

無聊與焦慮掩護了深層的感受

無聊顯示我們有某種需求並未獲得滿足；無聊顯示我們不滿意，也缺乏刺激。無聊不像怒氣能提供有用的精力來做出改變，也不像悲傷能提醒我們反思，指點我們尋求現實生活人際關係的支援。

這種掩護促使我們尋求消遣，而非解決之道，如果討好者案主小時候想要根據自己的感受採取行動時經常受到阻撓，長大後就常有這類狀況。坐在教室後方感到無聊的小孩並不是因為頑皮而搗亂，而是因為有某項需求未獲滿足，例如需要不同的學習方法、想要休息或在守規矩方面需要一些協助，因此正在想辦法轉移注意力。同樣的，當案主表示自己感覺疲憊、無精打采、麻木時，我會問他們，除了這些感覺外，還可能有哪些感受，藉此找出他們真正的需求。舉例來說，除了因活動量增加或睡眠減少而感到身體疲倦外，人們常會意識到，疲憊還可能來自挫折、受困、孤獨或傷心的感覺。

在接受心理治療的討好者身上，焦慮也是一種常見的掩護感受。當期望與現實出現差距，想望與實際存在落差時，焦慮感油然而生。如果我們無法接受現況，但又沒有自信能做出改變，焦慮感就是現實與理想之間搖搖晃晃的橋。四種討好側寫都可能為焦慮所苦，他們採用不同策略來控制情況，但都沒有真正的能動性或掌控能力。

我請安妮塔關注自己的焦慮感，請她捫心自問：「現在除了焦慮，可能還有哪些感受？」當她瀏覽這些享受人生的照片時，如果首先浮現的不是焦慮感，可能還有什麼其他感覺？以安妮塔來說，潛藏在焦慮底下的是深沉的孤獨。她上網尋求慰藉，但放下手機時反而覺得更糟。孤獨才是安妮塔必須關注的感受，焦慮感只是促使她注意到問題所在。

焦慮的問題在討好者身上尤其嚴重，他們經常藉由網路的肯定來提振心情，不過呈現薄弱虛假的網路身分，供注意力只有十秒的網路觀眾評分，焦慮感只會有增無減。不論討好者是感到焦慮才求助於社群媒體，還是求助社群媒體後感到焦慮，兩者之間很可能具有關聯。瀏覽社群網路可能讓你心情低落，而心情低落時你可能更想打開社群媒體。

潛藏的需求是什麼？

如果無聊、焦慮或心情低落時，你會拿起手機開始滑，想想看你是否有什麼真正的需求未獲滿足，而滑手機只是轉移注意力的方法？

你可能會發現，使用網路能避免其他更不自在的感受，也許問題源頭是缺乏某些討好自己的許可，你現在有機會以真誠和恢復力取代掩護感受。如果到目前為止，你的選項就只有僵住不動或討好，那可能是你過去不被允許失去、失敗或跌倒後再站起來，但其實你可以，不須感到羞愧，而且你擁有滿滿的支持。請允許自己從失敗中再站起來。

如果你思索自己使用社群媒體的動機後發現，你是「善於社交的」網路使用者，你能控制自己的使用狀況，一般來說也對網路互動感到自在，這樣很好，但我還是建議你採取一些合理的預防措施保護網路中的自己。謹慎選擇你在網路上互動的對象，展現自己供公眾瀏覽時要有所保留，找機會分享自己真實的一面，告訴自己你的確可以在現實生活中獲得無條件的接納。當你覺得自己只能在網路討好或戒除網路中二選一時，請退後一步，觀察負面感受的觸發點是什麼，讓真誠的感覺引導你重新設定界線，這就是在網路中討好自己的方式。

不過，如果你發現自己使用社群網路及線上平台的方式近乎無法自制，只是用來支撐脆弱的自我形象，而你內心的討好者不健康地執著於按讚次數及追蹤人數，那麼光是避免惱怒或焦慮的觸發點可能不夠。在你依照別人的方式使用社群媒體之前，請先問問自己：這種方式適合我嗎？另一方面，如果你認為「我不適合使用社群網路」，思考看看，你是否為了逃避互動規則而錯失了社群媒體的潛在優點？

觀察自己在網路上的行為，反省自己在真實世界中的模樣，別讓追求完美的壓力壓垮自己。**在社群媒體中討好自己時，與你志趣相投的人也能看見真實的你**，#nofilter（沒有濾鏡），以自己真實的模樣建立讓你感到自在包容的線上社群。

9／女性的討好

常有人問我，討好是不是女性特有的症狀。就我的經驗來說，我的答案是否定的，不過某些刻板印象中的女性特質的確和部分典型討好策略有相仿之處。要知道，討好的核心並不是體貼關心，而是預先安排別人的反應，避免自己不喜歡的感受，男、女都可能這麼做。討好者潛意識中不願麻煩別人或造成他人不便、尋求和諧、支持他人，即便自己要付出極高的代價，這些行為可能感覺較為「女性化」。不過討好行為其實沒有男女之別，所有人都可能或多或少有這些特質。你可能在本章女性案主的經歷中看到自己的討好模式，也可能在下一章男性案主身上看出與自己相仿的行為，或者你可能兼而有之。

溫柔友善的制約

的確，許多文化都將女性制約成照顧者，訓練她們優先照顧別人、隨時樂於伸出援手。大人稱讚甜美聽話的小女孩，訓誡她們不可頤指氣使或麻煩別人。一般來說，女性大腦比男性大腦更善於展現同情心，這是一大優勢，有助女性建立有益社會的強韌關係，建構合作的社群。但如果不被允許設立界線、不能生氣或表達憤怒、無法以同等程度的體貼對待自己，大腦運作也可能停擺。有時，當我的女性案主喃喃自語負面評論、貶低自己時，我會問她：「如果有人這樣說你最好的朋友，你會有什麼反應？」通常她們的答案會是：「我會很生氣，我會說，你憑什麼這樣說她？」而這正是討好者所需的轉捩點，將她原本向外付出的關心與保護往內轉向自己，找回被制約壓抑的怒氣（制約者可能是男性，也可能是女性），運用這股怒氣請大家尊重她的界線。

我們心中女性討好者的刻板印象常是一位為旁人東奔西跑、分身乏術的女子，總在尋求大家的認同，從來不懂得拒絕。她是盡心盡力的女兒、忠心的朋友、盡責的員工。她安排家庭行程、打理家事、採買生日禮物、為家中食品櫃補貨、安排社交活動。她為學校、朋友、假期、寵物、姻親等種種需求忙得團團轉，此外還要兼顧自己的事業與義務。身兼數職的她如果不小心遺漏某件事，就會覺得自己徹底的失敗；她相信如果事業要成功，就得答應老闆的要求；只要一抱怨不公平的家事分工，就覺得自己是嘮叨的老太婆；買現成的生日蛋糕就等於失敗的媽媽。

你成長過程中所接收的討好模式可能不同於上述，也許你家族中的女性都應該獨立而強壯，沒有人要你保持溫順，因此你討好自己的方式可能是勇於承認自己的脆弱。不論你對本章的女性還是下一章的男性討好者產生更多共鳴，請閱讀他們學到的教訓，思考這些道理對你自己有無助益。

女性的維京之道

我心目中的主要女性楷模是維京人。在我的文化中，女性一點都不脆弱，完全不輸男性。她們強壯又獨立，與男性平起平坐，甚至稍微更加能幹、適應力更強。

我的母親在一九七〇年代早期從瑞典北部來到英國，當我看著畫質不佳的老照片中母親的身影，我看到的是一頭編著辮子的棕色長髮、紅色木屐和肱二頭肌。我媽懷我哥進入孕期中後段的時候，有一天我父親下班回家看到她正把廢棄的人孔蓋拖到車道上，我爸記得她說：「到時會用到」，整個搬運過程幾乎沒留一滴汗。

媽媽會在閣樓裁縫室中為我縫製紅、黃、藍色的鮮豔燈芯絨衣服，做工牢固而實穿。我的鞋子也都相當耐穿，適合一年四季外出穿著。我以前也常想要綴滿花邊的粉紅色派對洋裝和漆皮皮鞋，但我發現我現在也對女兒做一樣的事：送她上學前，我幫她穿上耐穿、防水、抓地力良好的運動鞋，這樣到了下課時間她就能盡情奔跑玩耍，不會像她穿著亮面瑪莉珍鞋的同學一樣滑倒摔跤。

我重視培養她立定腳跟、自食其力的能力，但獨立自主不代表她有義務協助其他人。

我的案主都是勇敢、幹練、情商高、適應力強的女性。不過有些人的成長過程中，可能被教導要施展自己的才能服務他人，她們誤以為自己有義務要和這些人分享資源，即便對方可能不值得你的付出。

案例／**安柏**

安柏（Amber）被制約、培養成一名女性討好者。她有一個弟弟，小時候總是由他決定要玩什麼遊戲；弟弟決定自己扮演蝙蝠俠，把羅賓的角色分配給姊姊；練習足球射門時指派姊姊擔任守門員。長大一些後，安柏交了自己的朋友，不想再跟弟弟玩，不過她的母親說：「你應該要喜歡和弟弟玩遊戲啊，弟弟是因為愛你才想跟你玩。」安柏覺得和其他家人格格不入。如果這是家人良好關係的條件，那麼她得想辦法把自己塑造成正確的模樣，才能獲得關愛。於是安柏再次和弟弟玩遊戲，不情願地陪他玩塑膠小兵或在弟弟搭建的遊戲帳篷裡陪他消磨時間。多年來，安柏表面上以影子型討好模式陪伴弟弟，不過她心裡感到怨恨，並發展出抵抗型討好模式，暗地裡縮短和弟弟相處的時間。

幾十年後，安柏發現自己仍然處於相同的情況中，當然她已經擺脱遊戲帳篷，不過她一樣在為其他人完成夢想：單身派對、探訪家人、職場應酬、學校募款、讀書會、生日派對、婚禮或遛狗。好多要求，好多願望要滿足，而安柏特別難以忍受令別人失望，她覺得説出：「謝謝，不用」或是「我不要」就等於刻薄或漠不關心。待辦清單無窮無盡，有一天她再也支撐不住，於是與家醫科醫師約診尋求協助，醫師建議她接受心理諮商時，安柏甚至感到驚訝。

我們最先探討的問題是，當親友要求她做某件事時，她會有什麼反應。

「每當有人邀請我參加某個活動，我內心都非常慌亂，我非常掙扎『應不應該』去、『想不想』去，甚至『是否應該想』去。」安柏説。她對內心監督者嚴格的程度自嘲地笑了笑，並繼續説道：「我會思考這次是否欠他們一個答應，還是我有婉拒的好理由，我從來沒考慮過自己真正的感覺。」

她責怪自己：「為什麼我這麼不合群？我喜歡對方，活動可能很有趣，到場之後我應該會玩得很開心……我到底是哪裡不對勁，為什麼我那麼孤僻？」我們一再回到同一個問題：「我到底是哪裡不對勁？」不論安柏最後接受或婉拒邀請，她都同樣難受。

把自己置於優先地位

安柏母親以身教教導她女性應該體貼、包容、隨和、善於諒解。在安柏家裡，女性就應該以其他人為優先。安柏長大成人後並不適應這樣盲目的討好，但她沒有質疑這條規矩的正當性，反而開始懷疑自己。

安柏最想要的，就是有人對她說：「我想和你碰個面，你有沒有想做什麼事？什麼時候比較方便呢？」這會是正中紅心的一句話，表示終於有人重視她，願意配合安柏與她建立關係，把她的方便與否納入考量，不會要求她配合其他人，不會利用她達成自己的目地或避免自己不想面對的感受；表示她不是最後臨時被想到的人，不只是道具或替補人物。安柏終於找回了自己的怒氣，她的家人和朋友因為自己生活不順，於是利用罪惡感勒索安柏來探望他們，而安柏終於意識到自己對這件事感到憤怒。她也受夠了上司以公司可能提供的「大好發展的機會」誘騙她承接額外工作。

假如我們接受這些帶有附加條件的失調關係，就會把自己真心想要的關係阻擋在外。如果你為每件事、每個人擔起情緒責任，他們很可能會不斷把責任拋到你肩上；如果你努力為別人解決每個問題，事情只會不斷落到你手中。畢竟他們會想，如果要把事情辦好，交給那位忙碌的女子最可靠吧？她之所以那麼忙，多半是因為要替大家完成工作，所以應該也不會拒絕我吧？安柏以為自己的價值就是協助她人，別人找她都是有事相求。她會提供協助，因為她很擅長，至少別人是這樣告訴她。不過，有能力幫忙不代表就一定要伸出援手。

安柏照顧弟弟、順著他時，母親就會稱讚她。透過心理治療，安柏逐漸瞭解，母親大概覺得讓大女兒分擔責任，自己總算能喘一口氣，因為她也覺得順著小兒子的要求陪玩很累人。透過這種方式，安柏的母親依照自己過去所接收的女性教條，在無意識之中教導女兒要優先照顧別人（尤其是男性）的需求，把自己的想法排在後位。安柏的媽媽哄騙她討好弟弟，操縱她滿足自己的需求，因此安柏憎恨他們兩人。拒絕對方而產生的罪惡感，其實就是內化的憤怒。

也許你和安柏一樣，如果晚上想要自己待在家看 Netflix 或提早上床睡覺，而不是下班後和大家喝酒聚會，就會懷疑自己是不是哪裡不對勁；有人邀你參加派對或朋友揪你週末出去玩，你卻興致缺缺；主管問你是否願意接下充滿挑戰性的大型專案，而你備感壓力。也許你也根據其他人的想法來評斷自己，忽視自己的喜好。

女性制約常導致女性認為自己的需求站不住腳，或者會造成他人麻煩。她們照顧別人，卻忘了體貼自己。

遵從女性教條

回想自己的成長過程中，你經歷過哪些性別相關的規定？

身為女性，在你的家庭中代表什麼意義？

也許長輩對待小男生和小女生的方式不同，懷有不同期待。也許你記得，家中女性透過自己所扮演的角色，直接或間接向你傳達某些訊息。

身為女性，在你成長的過程中，有沒有哪些感覺或行為是不被允許的？男性的規矩是否不同？

你能否看出這些規矩如何影響今天的你？

別怕惹麻煩

我接觸過很多女性案主，她們都受到制約，深信不該麻煩任何人，以為改變主意就是任性、反覆無常，一定要能預知自己下下週四的心情，一旦回覆邀請就是歃血為誓，不可反悔。當然，有些計畫要變更可能不太容易，可能門票買好了或已經和褓姆約定時間，不過多數行程都有調整空間，你可以道歉或提出補償措施。允許自己改變主意不叫「惹麻煩」，也許改變計畫比你想像得更容易，其他人的反應也比你的預期寬容得多。**不用擔心別人會怎麼想，因為他們幾乎不會想到你**。

你有改變主意的權利，不過前提是，你不能懷著大不了當天失約的心態隨便預先答應，這就只是用糖衣包裝的短期討好，其中裹著苦澀的不尊重。換句話說，你為了在那個當下討人喜歡，濫用別人在合理情況下改變主意的權利。如果你不確定，可以這樣說：「聽起來不錯，但我不確定工作忙一個禮拜後還想不想參加，我可以等日子近一點再給你答覆嗎？」或是「聽起來很棒，但我這個月比較拮据，所以沒辦法馬上答應你，最晚什麼時候要給你答覆？」同樣的，如果你不打算參加，也可以委婉拒絕：「聽起來很好玩，但我沒什麼興趣」、「我也想見你，但我需要沉潛休息一下，出關的時候再傳訊息給你」，或是「我正在為別的事存錢」。如果對方關心你，這樣的理由就夠了；反之，他們可能就像安柏的弟弟一樣，更在意自己的需求能不能滿足，無意與你建立平等的關係。

認清自己的想法

有些女性在早期關係中不被允許提出不同意見或製造摩擦，她們傾向有禮地接受安排，對好意表示感激，不論自己想不想要這些「好意安排」。

也許你想要答應朋友的邀約，但你更想要一起散散步、喝杯咖啡，而不是上酒吧，或是比較想要和他們看場電影或在家喝杯小酒。**你可以有自己的玩樂點子，和別人的興趣不一樣也沒關係。搞不好你的朋友也喜歡這個選項**，只不過誤以為自己應該選擇世俗認知中「有趣夜晚」的玩樂方式。

也許你想要的職涯發展並不是引人注目的公開演講機會，你比較想要指導團隊成員或在幕後研擬策略。不過職場生態中，外向者較為討喜，因此我們常被迫進行社交討好，但我們也要能夠依照自己的方法做出貢獻。

同樣的，對方不一定會接受你的提議。討好者開始討好自己時，必須面對這一類不被接受的風險，但只要迅速調整好情緒，你可以很快恢復過來，有害副作用也比違背自己的意願小。

安柏接收到的觀念是，心意才是最重要的，**如果對方是好意，就有義務接受。這種觀念對女性來說尤其危險**，她們誤以為「應該為人親切和善」，或是「拒絕友善邀約就是沒禮貌」，不過實情是，這種邀約可能有害。

困住安柏的這種討好模式在女性案主身上相當常見。輕微的女性討好常被輕蔑地當作「人太好」的小問題，只需要一點「自己的時間」就能解決。這種看法忽視討好對個人的有害影響，因為討好很可能是糟糕情況的開端，背後隱藏相當嚴重的後果，等於打開一道門縫，讓女性身體與情緒受虐的風險趁虛而入。

看清暴力關係

失調關係是一道光譜。一端可能是每天傳訊息給你的黏人朋友，這種情況有時可能令人疲憊厭煩，你要婉拒對方，還要在保持距離的情況下想出有創意的藉口讓他們仍然感覺受到關愛。他們的要求可能很累人，不過一般來說並沒有惡意。

光譜的另一端則是病態的操縱，這些人強迫別人依照自己的規矩行事，藉此達到自己的目地。友誼也可能出現這種狀況，但這裡要討論的主要是感情關係中的風險。在這些關係中，另一半令你生不如死，但他們稱之為「愛」。

在這類情況中，討好者可能覺得自己有義務接受對方所提供的愛，並包容負面行為，因為「心意才是最重要的」。然而並不是這樣。如果有人一再惡劣對待你、令你失望或對你施暴，他們的心意絕對不重要，行為才是真的。在極端案例中，跟蹤者甚至可能相信自己的行為是愛的表現。最近有一位案主告訴我，她留在家暴環境中，因為「他對我好的時候超級好，把我奉在神龕上。」但神龕並不是你想待的地方。對於尋求肯定的討好者來說，被奉為偶像聽起來可能令你受寵若驚，但實際上你的存在局限於一小方平台上，被迫控制自己的動作、約束自己的反應，以免痛苦地跌落神壇。你必須拿出討好、值得被崇拜的行為，才能保有崇高地位，免於跌落。

若是你發現自己已經被供到神龕上，請盡快回到地面，告訴對方你真正的感受。要知道，如果對方不想與你建立平等的關係，就絕對不是合適的關係。為了避免失寵而盡力討好，只會讓他們更加習慣這樣的行為模式，當無可避免的失望來臨時，只會使你更加痛苦、難受。

如果不論對方付出什麼樣的「關愛」，你都逆來順受，那你就忽略了自我選擇的重要步驟：其實你可以選擇自己想要接受什麼樣的關愛。面對有不可告人操縱目地的「愛」，勇敢拒絕絕對不是沒禮貌，而是自我保護，也是討好自己的關鍵。

案例／**莉娜**

莉娜（Lena）總和男人處不好。從很小的時候開始，她就覺得自己有責任討男性歡心。她的父親陰晴不定，有時寵愛莉娜，有時又變得嚴厲、冷漠，偏愛她的妹妹。

莉娜長大開始交男朋友之後，她發現自己容易吸引男人的注意，尤其是那些喜歡被討好的男人。莉娜不擅長拒絕，小酌的邀約也會演變成交往關係，時間甚至長達數月、數年。對方表現出很喜歡她的樣子，如果莉娜沒有同等好感，她就會感到愧疚，但她又沒辦法一直假裝下去，後來終於提出分手時，男方大為著惱，指控她誤導、蒙騙他。

到最後莉娜對男性避之唯恐不及，因為她預期每次對話都可能展開一段對價關係，而她只想逃避。男方一開始的稱讚與殷勤都令莉娜覺得對方有所期待，她覺得自己有義務報答對方。莉娜告訴我，情況嚴重到令她盲目地陷入恐慌，有一天走在街上，莉娜的袋子破掉，採買的雜貨紛紛掉落，一位路過的男士停下腳步幫忙撿。莉娜說：「我僵住了！我滿腦子只想著：他會期望我怎麼回報他？我在網路上讀過很多恐怖報導，有男士幫路上遇見的女性提袋子回家，後來就攻擊對方，所以我也不管東西都散落在人行道上，直接拔腿就跑！」

獨自一人雖然很安全，但莉娜覺得寂寞，她的朋友也都一個個結婚成家。後來，她最好的朋友說服她嘗試網路交友，但莉娜討男性歡心的自我要求變得更嚴重，因此她決定接受心理治療，想要徹底解決問題。

諮商一開始，莉娜和我談到她最近一位約會對象：「他看起來彬彬有禮，請我喝酒、閒聊、問一些近況，不過我越來越不安，於是編了個藉口假裝偏頭痛，想要提早回家。他看起來很擔心，提議開車送我回去，但我拒絕了。我擠出微笑，親他的臉頰，跟他說今晚很愉快，承諾會再約，不過那時我一心只想趕快落跑。」我問莉娜什麼事令她那麼不安，她也說不上來。我們繼續深入探討，莉娜逐漸瞭解自己潛意識的顧慮：「我覺得是因為對方看起來對我很有興趣，但我不想讓他失望，我很害怕。他問我要不要再約見面，我說好，但其實我不想。我答應只是為了讓氣氛保持輕鬆、友善，這樣他才會讓我離開，場面才不會變得難看。我擔心如果我說沒興趣，對方會生氣。」莉娜的潛意識相信，如果她不討好男人，對方就會生氣，而她也受到制約，以為自己有責任不激怒他們。莉娜屬於安撫型討好者，她把自己的恐懼化為討好行為，訓練自己對男人保持溫馴。

莉娜千方百計避免惹惱或激怒男性，因為她心裡害怕對方會攻擊她。這是她父親造成的陰影，讓莉娜誤以為自己有責任要操控男性的行為，順應對方難以預測的心情，安撫他們的反應，自己才能感到安心。莉娜從來沒有怪父親或任何其他男性，她只覺得是自己的錯。她害怕激怒對方，但其實最該生氣的是莉娜自己。

關於最近那位約會對象，我們不確定莉娜的直覺是否正確，因為她並沒有再約對方出來，不過這裡的重點是，我們要能根據自己的感覺採取行動，而莉娜在此的選擇相當正確，她盡快離開感覺不安全的情境。許多討好者習慣關閉直覺，在無意中使自己陷入危險境地，莉娜的直覺則是過載，隨時隨地發出警告，使她害怕與任何男性建立關係，預先認定他們全都易怒、危險。我的目的當然不是降低莉娜直覺的敏銳度，我希望能協助她更新部分認知，因此我們的任務是解碼她過去所接收的信號，協助她活在當下，對未來的約會更有把握。

憤怒是改變的動力

安柏發展出抵抗型討好模式，緩解以影子型討好模式陪伴弟弟的壓力；莉娜感覺男性造成威脅時，則採用安撫型討好模式。減少接觸失調關係或危險不是根本的解決之道，這只是想辦法迴避問題，而不是面對問題。

如果要實際面對衝突，我們必須將憤怒化為改變的動力，明確設定界線，向無法接受的行為說不。女性討好者的成長過程經常不被允許發怒，因此她們只能退而求其次，採用社會同意她們表現的情緒——恐懼。莉娜等女性無法自信面對衝突，只能倚靠恐懼的情緒來避而遠之。

憤怒被視為危險或不被允許的情緒，取而代之的是良性的恐懼或容易被忽略的焦慮。小女孩可以害怕動作粗魯的小男生（但不能對他們生氣），長大後，她們就會對握有霸權的男性感到恐懼，喪失原有的自保能力。如果只能依據恐懼行事，那我們就只能期望逃離有害情況，退而求其次地選擇改變自己，不敢挑戰對方的負面行為。

憤怒具有改變的力量，能夠協助我們停止討好他人，開始討好自己。到目前為止，我們已經看到被封印的怒氣可能導致怨恨及罪惡感，而且社會不鼓勵其中部分族群（女性）表達憤怒。

這裡所說的憤怒並不是亂發脾氣，不是可能傷害自己與他人的暴力，也不是對體制不滿或懷恨在心的抵抗或消極心態，我指的是當有人侵犯我們的界線時，我們心中那股明確、單純的強烈感受，我們感受到的不平賦予我們改變的動力。

憤怒的目的原本就只是昭示改變，憤怒是嬰兒要求改變的本能，這是他們天生的溝通方式，小嬰兒透過嚎啕大哭請求照顧者改變現況：要求餵奶、擁抱或換衣服，發生改變後，哭泣就停止了。因此，表示抗議可說是第一線自保方式。

如果我們無法透過憤怒來昭示改變的需求或自保，就只能祈求他人的仁慈或學習看臉色，而這並不是聰明或安全的作法，因為我們只能寄望別人善待自己，但是就連我們都沒有善待自己。

憤怒常被描述為負面情緒，必須加以「管控」，但事實不是如此。狂怒可能造成破壞，暴力當然也不被允許，但**適度的憤怒有益健康。這只是一種感覺，而不是動作**。我的工作內容常包括修正女性討好者對於憤怒的錯誤認知，她們小時候可能接收到不完全正確的訊息。憤怒絕對不是危險、醜陋、有害、毫無意義的情緒，在所有情緒中，憤怒的功能也許最為重要，**憤怒能告訴我們：某種情況必須改變**。

憤怒是益友

你是否記得小時候，憤怒在你的家庭中扮演什麼角色？誰會表達憤怒？誰不會？你怎麼處理自己的憤怒情緒？

成長過程中，關於憤怒，家長告訴你什麼？

也許你記得小男孩和小女孩適用的規矩不同：女生生氣就是「霸道」，而男生生氣是「具有領導潛力」。也許只有大人才能生氣，或者你家裡的憤怒情緒令人害怕。許多女性討好者向我傾訴，她們會千方百計保護家人不受其他家庭成員怒氣的波及。憤怒令人不安，而這些女性小時候常有怒氣沖沖的家長。長大之後，她們咬牙忍受有害的關係或嚴苛的工作，想方設法調停爭端，維持和平的現狀。

也許你家裡從來沒有人生氣，每個人都藏起自己的挫折，或以低姿態面對衝突。因此長大之後，你試圖同理對方或透過手腕解決所有問題；你避免衝突，放棄表達己見的權利。

我們可以理解這些維持和平的策略都有良善的出發點，但在叢林法則的社會中，這些策略的效果有限且不實際。擁有利齒的動物不太需要出力捍衛自己，**只要讓別人知道你也有利齒，你就會發現其實不常需要用到它們**。允許自己感受憤怒，你不一定要採取行動，因為你的界線已經很明確，別人自然會予以尊重。

如果以前沒有人告訴你可以生氣、可以展現利齒，請現在告訴自己這一點。別把怒氣留在休息區，明確、合適的怒氣可以暖身、上場，這是自保的第一道防線，也是最有用的防線。如果要討好自己，你就要相信自己值得捍衛，相信自己也很重要；如果有話想說，就值得發聲的權利；必要時就該向人們展現你的利齒。告訴自己：我很重要，我值得獲得善待。如果有人惡劣對待你，你可以選擇改變。你可以運用憤怒巡視自我意識的邊界，查看界線是否遭到侵犯，利用怒氣的改變動力重申界線、維護自我尊嚴。

也許最近有人侵犯你的界線。請問問自己，該怎麼重申合適的界線。要記得，你可以改變主意，決定可以更改，契約也可以重新協商，也許你之前答應某件事，但你想要反悔。請回到原點，找出拒絕的方法；這不叫惹麻煩或反覆無常，這是你真正的想法。改變主意是人之常情，你可以這麼說：「我知道我之前答應了，但我後來想想，我認為我應該拒絕，我當時不想要傷害你的感情。如果我的決定令你失望，我很遺憾。」或許你從來就沒有設定界線，那麼這是你要做的第一件事。

良性的憤怒值得尊重，是促成改變的堅定力量。面對濫用權力者，被制約壓抑怒氣的女性討好者毫無抵禦能力，她們在這充滿利牙的世界中，只能倚賴討好策略及順應能力維護自己的安全。

女性謬誤

眾多女性犧牲職業生涯、友誼、自由及身分來討好他人，她們進一步強化社會對女性的印象：犧牲自我、服務他人。女性主義也無法取代家長從小向女性傳達的觀念。即便我們刻意採取與身邊女性討好者相反的行為，也只是陷於抵抗型討好模式中，反抗過去的女性，但仍然無法自由討好自己。今天的女性必須理清前幾代女性所傳達的矛盾訊息：她們為未來的女性團結爭取權利，回到家後卻仍然受到制約，擔任盡責家務的母親。她們告訴下一代：「你現在可以滿足我當年的遺憾」，但這樣還是令人摸不著頭緒。不如說「做你自己」，這才是真正令人感到自由的建議。

在現今社會中，如果要討好其他女性，似乎就得成為女性主義者並加入姐妹陣營，在父權體制下共患難，與陌生人沆瀣一氣，紮起稻草人大肆抨擊。在我接觸到的女性案主身上，女性的負面行為不比男性少：踩著別的女性往上爬；羞辱對方好讓自己受歡迎；彼此批評身為女兒、朋友、專業人士或母親的選擇。女性討好的動機不完全來自社會文化的厭女情結（misogyny），是撫養她們成長的女性奠定這些觀念，而後也是女性同儕監督她們採取這種行為模式。

如果你是一位女性討好者，請注意你為正在成長的小女孩設立什麼榜樣、傳達什麼訊息。許多女性案主向我傾訴選擇工作或擁有母親以外的身分時，她們感受到龐大的罪惡感。她們對於沒有擔任全職媽媽，在家烤燕麥餅、熨燙學校制服感到愧疚；對於外出與朋友聚會，而不是在家聽青少年子女的牢騷而感到自責；工作一週之後感到疲倦、易怒，無法對另一半展現無盡的耐心與關愛，這也讓她們心生罪惡感。

當然，這其中可以找到平衡，不過如果你對無法成為「完美」的伴侶或母親感到愧疚，這會向下一代傳達不正確的訊息，因為根本就沒有這種東西。沒有人可以兼顧一切、討好所有人、把自己放在最後位卻從不感挫折，沒有人能討大家歡心一整天後還能哼著輕快的曲調。這種危險的假象會使下一代對自己（或女性伴侶）抱持錯誤的期待。

讓孩子看到真實女性的樣子：討好自己的同時也能關心他人，這樣一來，在潛移默化之中，他們也能學習討好自己。別再因為討好不夠賣力而自責，這樣就能打破代代相傳的討好循環。

同樣的，小心別向女兒傳達具性別歧視的男性刻板印象，別把向父權體制宣戰的責任強加在她的肩上，否則很可能培養出未來的抵抗型討好者，使她受困於反抗的行為模式中，以致於比起前幾代女性討好者，她們真誠討好自己的能力並沒有提升。

我有一個九歲的兒子，他觀看《英國達人秀》（*Britain's Got Talent*）時提出的疑問令我心疼，他說：「為什麼一提到『女孩力量』觀眾就會歡呼？為什麼不是『男孩力量』？或者就只是『力量』？」我兒子下課回家後曾經告訴我，他班上的女同學跟他說，他的目標不重要，因為他是男生；或是告訴他就算被女生欺負，男生也不能生氣，因為他們是女生，而男生不能對女生生氣。看到「有主見」的媽媽讓女兒穿上印有「女生統治世界」

或「女生掌握未來」的標語T恤時，我也不禁蹙眉。這一代的小女孩沒有義務要為之前的受害者報仇，小男孩也不該為前人的不公受懲罰。**真正強大的女性應該要擺脫性別化的過去，一視同仁地鼓勵堅強、自主的男生和女生。**

女性和男性都可能是父權體制的受害者：有些男性不符合其僵化、過時的規範或嚴苛條件；他們不屬於任何陣營，卻充滿歉意地轉推女性主義梗圖、埋藏自己的複雜經驗。男孩和男人也可能是受害者，古老的男子氣概限制他們表達情緒。他們也需要獲得允許，展現自己。下一章將進一步探討男性的討好。

10／討好與男子氣概

我在男性案主身上看過各種討好模式，但比起長期受折磨、身兼數職、自我貶低的女性討好刻板印象，男性的討好行為通常比較不明顯，當然前述女性的情況也可能出現在男性身上。

有時，為了討好男性同胞，他們必須刻意擺出不友善的態度，建立充滿笑鬧、挖苦、競爭的友誼；職場上，他們必須展現無情、難應付的一面，隱藏所有需求及弱點；在家庭裡，他們的責任是提供保護、養家餬口、解決問題。不同場合有不同要求，但通常有一個共通點：不被允許感受，男性只能思考或採取行動。男人必須堅強、成功、受人尊敬、自信、果斷、直接，在某些情況下，還得討人厭才能贏得一席之地。這是另類的討好，不過出發點都是害怕失敗和被同類拒絕。

現代男性還必須「反省自己的特權」，確保自己沒有在無意之中壓迫身邊的女性。這種作法當然有其必要，但也令人無奈且過於簡化，雖然男性特權是父權體制的產物，但這種體制數百年來也限制了男性的情緒表達。遵從這種教條長大的小男孩學會埋藏自己的弱點，長大之後可能變得更為可怕、危險，他們只知道透過強迫與控制來滿足自己的需求。最糟的情況是，他們可能遇到從小害怕衝突的女性，她們沒有能力表達憤怒或處理他人的怒氣。

我看過許多男性努力想要討好他人，不過經常因為童年埋下的某種原因而失敗，無法建立良性的成人關係。

案例／**艾卓斯**

艾卓斯（Idris）總是盡力保持大家開心。他想要當個好人，追求事業成就，讓家人驕傲。他認真工作，也喜歡這份工作，週末運動、和朋友聚會。和我碰到的其他男性案主一樣，在分崩離析之前，一切看似相當完美。當艾卓斯的婚姻遭遇危機而他無力應付時，他長期遵守的教條──隱藏感受、忽視自己的需求──終於破功了。他不知道該如何有效地處理痛苦情緒，只能透過自我傷害來轉移注意力。

艾卓斯因為人生分崩離析而開始接受心理治療。他外遇的事情曝光，雖然妻子希望能共度難關，但他覺得無法回到過去那樣。在外遇曝光之前，艾卓斯試圖討兩邊歡心，兩位女子都不知道對方的存在，艾卓斯以謊言羅織一張大網，最後反而圍困自己。後來，艾卓斯決定搬出與太太共同的家，自己租了間公寓。外遇對象發現艾卓斯已婚之後怒不可遏，太太則是寄電子郵件求他重新考慮兩人的關係。艾卓斯從小被教導不該麻煩別人，這對他來說是場大災難，但這不是他第一次因為試圖隱瞞真相而闖出大禍。

把一切藏在心中

當事情出了岔錯或關係破裂時，除了隱瞞真相，艾卓斯的家長並沒有教他其他處理辦法。這些年來，每當遭遇不順遂，艾卓斯就透過喝酒、賭博、發生性關係來暫時逃避痛苦，藉此埋藏感受。不過他一開口傾訴，就停不下來。他告訴我他所面對（或逃避）的種種事件，也告訴我他開始考慮自殺。

後來他取消隔週的療程，理由是工作出現緊急狀況。當時我不知道他是否還會繼續諮商，後來我很高興看到他再次踏入診間，於是我們談到他取消上次療程的原因，他之前給的理由並不是真正的原因，而是他對向我傾吐負面情緒感到內疚。根據他從小遵守的規矩，他覺得自己在我身上加諸太沉重的負擔，在雙方建立關係之前就破壞關係，為我帶來精神煩擾。艾卓斯的這種反應透露他成長過程中所接收到的某些訊息。我問他，如果上週他按計畫前來接受諮商，他認為我會有什麼反應。

他說：「這有什麼好問的，你一定會說：『艾卓斯，你怎麼可以這樣！你上次害我非常擔心，害我一整週都毀了！』你會嚴厲地看著我……像這樣。」說著，他對我擺出怒目的表情。

他對我的反應的想像就是從小家長給他的反應。

艾卓斯告訴我，他有很棒的父母，他和兄弟的成長過程都很快樂。不過他也說：「他們認為吃飽太閒的人才會得精神病。」因此他們不太常談起自己的感受。艾卓斯說，他小時候被叫做「愛哭鬼」，父母不能接受哭泣的行為，於是他學會不在任何人面前流淚。這就是艾卓斯家裡的規矩，你可以耍賴、開玩笑、調皮搗蛋，就是不可以難過，尤其「不能讓媽媽擔心」。艾卓斯要是想哭或神色焦慮，他的父親就會嚴厲地看著他，訓誡他不可以惹媽媽不開心，於是艾卓斯就會收起哭喪的臉。

他不再表現自己的難過，但不代表他心裡真的不難過。當艾卓斯的婚姻觸礁，他也沒向任何人透露自己內心的掙扎；生意失敗，可能得變賣房子時，他也全都藏在心裡；當他因為焦慮及憂鬱而不知所措時，他透過喝酒麻木情緒。他不想讓爸媽擔心，不想讓朋友擔心，甚至不想讓我擔心。

害怕失敗

艾卓斯好像想通了什麼，意識到自己害怕讓別人擔心，他的肩膀稍微放鬆下來，往後坐回椅子上。我們談到他的成長過程，他告訴我青少年時期惹出的一些麻煩，他微笑著回想這些溫馨的回憶。他說有一次，他等爸媽睡著後偷帶女生回房間。他以為沒被發現，不過隔天早上，媽媽大聲敲他的房門，閉著眼睛探頭進來。

艾卓斯在診間摀著眼睛，拉高嗓子模仿媽媽的語調：「早安啊，親愛的，你這位朋友喝茶要加牛奶和糖嗎？」艾卓斯笑著回憶媽媽知道他偷帶女生回家的反應，還有他和兄弟青少年時期其他無傷大雅的惡作劇，父親會說：「男生就是這樣。」然後疼愛地摸摸他們的頭。

艾卓斯喜歡這樣的自己——討人喜歡的搗蛋鬼，冒險遊走法律邊緣，可是還是受到大家歡迎。大家也喜歡這樣的他，艾卓斯常在酒吧喝上幾杯，隱藏自己的悲傷，和朋友聊足球、開玩笑，從不讓人看到自己內心的傷痕。

艾卓斯是安撫型討好者，如果自己的負面情緒感染別人，他會覺得羞愧。對他的家人來說，軟弱就等於失敗，因此艾卓斯不敢讓家人知道自己的弱點。艾卓斯的父母擔心時，他們的表現方式是責罵他，然後放任他自行處理；他們忽視他的感受，只叮嚀他要堅強、撐下去。日子難過時，他看到父親也是這樣撐過來。如果艾卓斯無法收起自己的情緒，他們會叫他回房間，等心情平復再出來。

事實上，艾卓斯的父母也不知道該如何處理自己的感受，因此只好極力壓抑，並鼓勵兒子效仿。他們願意提供無盡的實質支援，但無法提供艾卓斯處理感受的空間；他們沒有告訴他，這些都是成長過程中的必經之路，當然也不知道要建議他尋求協助。求助無門又不被允許感受，艾卓斯害怕向別人暴露自己的弱點會摧毀雙方的關係，於是只好把痛苦都藏在心中，不斷透過傷害越來越大的方式來轉移注意力。

艾卓斯心目中的男人榜樣不容許他因為婚姻破裂而表現悲傷，於是他透過自我傷害的行為來發洩。賭博、亂交、埋首工作、酗酒，比起他想要隱藏的情緒，他的朋友和同儕反而比較能接受這些行為。當婚姻最終走向盡頭，艾卓斯把關係的結束當成苛責自己的另一個理由、另一場令他羞愧的挫敗，於是更加深藏自己真實的感受。

艾卓斯逐漸瞭解到，他成長環境所樹立的男性形象影響自己對情緒及行為的認知。他不被允許表達感受、無法尋求協助、不能麻煩他人。婚姻失敗的原因並不是這些感受，而是他用來隱藏真實感受的莽撞及自私行為。

關於身為男性

花點時間想一想家中的男性成員。

身為男性，在你的家庭中代表什麼意義？

想想看自己遵循哪些教條？這些規範從何而來？也許你接收家長傳達的訊息：男生就是要講求實際，不可以情緒化；也許學校和朋友也印證這個觀念；職場再次強化這種印象，鼓勵難搞、較勁的行為，不歡迎體貼或反省。

就你的觀察，男性榜樣面對困難時如何處理？

你是否記得家中的男性面對困難時有何反應？

我很多案主都說，他們從沒看過父親哭泣，或者在少數父親哭泣的場合中，看到這一幕令他們不知所措，哭泣和父親以往的形象相當不符。艾卓斯記得祖母過世時，葬禮上的男性親友都在壓抑情緒，緊咬牙關，眼眶乾燥。不過艾卓斯說這種情況逐漸出現改變，他說公司開始重視心理的健康，並提供更多的情感支持，酒吧裡的朋友甚至開始談論心理健康的議題，艾卓斯意有所指地笑著說：「我們會討論我們對於心理健康的『看法』，還不能算是討論對這個議題的『感覺』。」

羞愧與隱瞞

我們都希望獲得接納，這是社會性動物生存的先決條件，而接納的最大威脅就是羞恥。對許多男性來說，談論自己的感受或表現弱點幾乎等於軟弱，這種行為仍帶有汙名。羞愧是本能感受之一，目的是督促我們謹守分寸，以免被踢出群體之外。真正的羞恥必定是來自我們所犯的重大錯誤，這些錯誤可能導致我們被公正的社會排除在外。但如果只是在工作上不小心出了疏漏、在社交場合中失言、開著比較便宜的車，或是忍不住大哭，的確我們也可能感覺到類似羞愧的情緒，但這些行為並不可恥，我們不必有羞愧的反應。我們急於尋求社會接納，因此任何擦過「正常」邊界的行為都看似不正常，我們深怕踏錯一步就要被社會驅逐。

你可能也體會過羞愧的感受。重新檢視這種感覺，也許你會發現自己根本沒有做出任何可恥行為；也許你會發現，這種感覺不是發自內心，而是上個世代遺留下來的觀念，已經不合時宜。如果家長對某件事感到羞愧，我們可能繼承這種可恥的感受，但這不是發自內心的感覺。他們之所以有這樣的觀念，是因為他們的家長對違背當時社會原則所產生的恐懼與恥辱，可以理解，但應該留在過去。

羞愧感的目的是督促我們隱藏並壓抑不被接受的欲望，這是羞恥心最初的功用：促使我們遏止不明智的衝動，以免被社會排除在外。羞愧感至今仍有保護我們安全的作用，不過我們必須評估這種感受在現今有無正當理由、是否適用於今日社會？如果不區分輕微不端或重大踰矩，我們可能在沒必要的時候也感覺羞愧，啟動反射反應，加以隱藏，而這正是問題所在。

如果我們認為自己應該對弱點感到羞愧，那我們就會隱藏弱點；如果我們認為犯錯就等於完蛋，那我們一定會否認錯誤。不過**弱點和犯錯都是人性**，如果有人告訴艾卓斯這一點，他就會知道在工作或婚姻中遇到問題可以尋求協助。反而，他選擇隱瞞，越隱瞞，就越覺羞愧，陷入孤單的惡性循環中，很難自行跳脫，等到他們尋求專業協助時，通常已經做出必然遭到社會排拒的行為。他們因自己的弱點產生無謂的羞愧，而外遇、賭博和酒癮都只是為了隱藏弱點。

如果你像艾卓斯一樣，因羞愧而隱藏部分自我，即便你要隱瞞的只是自然的感受、正常的想法，或其他曾經犯過的錯誤。**如果你能斷開隱藏的循環，就能重新檢視自己的觀**

念，也許吐露真相後你會發現，事情根本沒有那麼嚴重。你可以揭開自己的「陰暗面」，也許你會發現，對方一樣關愛、接納你，不會因為你討好自己而排擠你。擁有「陰暗面」不必感到羞愧，畢竟人非聖賢，不過如果企圖隱瞞，你反而可能做出真正可恥的行為，導致你極力避免的放逐與排斥。

羞愧感與討好者

討好者的家長憂心忡忡，常利用羞愧感來恐嚇孩子，以免孩子出現他們無力應付的行為或感受。艾卓斯成長過程中，身邊男性所傳達的社會教條就是：「不要顯露感情」。「愛哭鬼」的標籤引發羞愧的本能情緒，使他收起眼淚，警告他這些感受會讓媽媽擔心是另一種勒令艾卓斯停止哭泣的方法。長大成人後，即便艾卓斯的痛苦情緒已快要淹沒他，由於害怕被群體排斥，他仍然繼續遵守舊時的教條。

我們需要感受來引導我們發洩悲傷、進行調適、捍衛自己、放下過去。如果關閉感受，艾卓斯就無法解決人生拋來的挑戰，也不知道要尋求支援。他試圖擺脫感受，但這些情緒一再追上來，逼他走上自毀的道路，帶來更多失去、更多感受、更多羞恥及更多隱瞞。

艾卓斯這樣的男性在今日社會中很容易遭到誤解。光從外在行為來看，他們似乎相當擅長討好自己，表面上是遊戲人間、唯我獨尊的自負風流男子，但如果考量這些行為的出發點，就能看到另一個面向。討好自己不等於只在乎自己，而是對自己付出足夠程度的重視，甘冒被討厭的風險採取正確的行動，最終目標是建立親密、真誠、長期的關係。

如果艾卓斯真的過著無憂無慮的享樂生活，那他也不會想要自殺，他之所以出現尋死的念頭，是因為他感到絕望、孤單。如果他夠重視自己，就會願意冒險被家人和朋友討厭，打破男性教條的約束，勇敢承認自己的感受。在這個情況下，**討好自己等於尋求協助，這不是暴露弱點，而是力量的展現**。

感受的許可

艾卓斯接受心理治療，獲得感受及尋求協助的許可，不過他是先歷經崩潰才開始求助。也許你也需要感受的許可。別再故作堅強、逆來順受，請立即尋求協助，以免狀況失控。也許你也看出家長的盲點，看見他們自上一代承繼而來的社會教條。允許自己打破代代相傳的約束，對於這些規矩當今的適用性提出挑戰。

大腦會改變，大腦根據我們接收的文化輸入和我們的反應來建構認知。男女大腦存在差異，不過多半不是解剖或天生認知的差異，而是文化所造成的影響，畢竟我們都是文化的產物。當家長要求男孩「拿出男子氣概」，社會輸入的訊息就是：男生不可以軟弱、不可以失敗、不可以感受。如果有人說「好人難出頭」，那就是在傳達「除非咄咄逼人，否則難以出人頭地」的觀念。

環顧正在成長的小男孩，也許你會發現，他們值得擁有不同的規範，社會應該提供他們抒發感受的空間，不受批判也不必感到羞愧。父權教條賦予男人權力，但當生命出現磨難時，光有權力並沒有用。權力的外衣一旦磨損，面對危機或悲傷時，我們將手足無措。如果唯一的解決之道是反擊抵禦，就等於在人我之間宣戰，或命令自己身上互相衝突的部分彼此爭戰。

感受由內而外侵蝕自己，直到我們迎頭撞上中年危機、倦怠或自殺念頭。當生命出現變化時，權力無用武之地，這時能派上用場的是自我調節的能力，請尋求協助並關注自己的感受，傾聽感受透露的重要資訊。

「壓抑感受」並不是男性專屬的限制，男女都可能被約束，但就我的經驗來說，潛意識抱持這種觀念的男性比女性更多。如果我們能瞭解到，「特權」不只有單一面向，那就更能朝向實質性別平等邁進。父權體制培養出無數家父長，這些握有權力的男性拒絕弱點、體貼與同理心，對他人和自己一樣無情。這種體制不利於被家父長壓制的男男女女，但當家父長自身面對失敗或失去時，這種體制也毫無助益。「理性勝過感性，思考壓抑感受」的傳統男性教條宣揚的是競爭至上及個人主義的狹隘意識形態，犧牲親密與群體關係，對所有人都不利。

如果我們教導小男孩（和小女孩）察覺自己的感受，那他們也會有能力察覺他人的感受，展現同情心與同理心。如果我們教導小女孩（和小男孩）握有自主權、堅持己見，正視自己的需求與能力，那他們的自我價值就能保護他們周全。如果我們否認自己的需求或缺乏能動性，那就只能透過討好他人來求取安全，但對方不一定會為我們著想。**如要追求真正的平等，那我們既可以表達自主，也要能展現脆弱**。

完美紳士

「完美紳士」是一種刻板印象中的男性討好人格，他們把「女士優先」和「你先請」掛在口邊。浪漫喜劇使我們期待男士會把外套讓給女士穿、買花送我們、為我們攔下計程車，如果他是真正的紳士，甚至還會陪我們看浪漫喜劇。但這樣的形象並沒有留給他們真實做自己的空間，當然我指的並不是強悍或充滿男子氣概，而是沒辦法展現不完美或自己的情緒需求。

案例／**麥特**

麥特（Matt）是一位影子型討好者，但他其實不擅長扮演這個角色，因為他沒辦法堅持太久。他感覺孤單的時候，就會到酒吧請大家喝酒；缺乏自信時，就會用大量讚美包圍別人。他會熱烈關注不太熟的人，展現自己的慷慨，且拒絕對方禮尚往來的回應。但他無法意識到自己的這些討好行為，因此如果對方真的自私、單方向地接受他的關愛，麥特又會開始憎恨這些人。

麥特是一位慈善募款人，他擅於說服富有的公司掏出錢來，這份工作對他來說如魚得水。麥特是部門負責人，有許多崇拜他的下屬。不過在感情方面就沒有那麼順利，麥特一再陷入令人失望的一夜情、複雜的職場戀情，或是與已婚女性發生婚外情。他不怕約不到女生，但也僅止於第一次約會。麥特機智又迷人，可以輕鬆地與約會對象對談一、兩個小時，而且不會暴露其他不討喜的面向。他擁有一切受歡迎的特質：樂天、不拘小節、有趣、擅於交際、關心又體貼。短短一個晚上，麥特就能迷倒對方，臨別前交換電話號碼並答應一定會打給對方，但他從來沒有做到，因為第二次約會他沒辦法繼續假裝下去。

麥特一生總在討別人開心，而對象主要是女性。麥特的母親在丈夫離開後徹底心碎，於是麥特盡力照顧媽媽和妹妹們，想方設法逗她們開心。那時麥特才十二歲，不過媽媽會說他是「一家之主」，是她的「救星」，於是麥特全力以赴滿足媽媽的期望。

所有認識他的人都認為他是完美的紳士，麥特總會為他人扶著門、提起大包小包、讓出座位。他堅持為大家買單，心甘情願陪外甥女們逛街購買舞會洋裝，在鄰居出遠門時為她餵貓。女生開心，他就開心。麥特對自己感到滿意，在內心深處，自己的英雄之舉令他心安，因為他從小就被教導要當個紳士。不過這種安全感總是很短暫，他知道這些討好舉動並不是發自內心，至少不完全是。當鄰居返家後，如果她沒有邀麥特進屋喝杯茶，麥特會感到生氣；帶外甥女去逛街後，如果隔週她們安排和朋友玩，而不是拜訪舅舅，他會覺得被排斥在外。

當心廣告不實

我提醒麥特：「注意你宣傳自己的方式。」麥特專門討別人歡心，「你滿意，我就滿意」可以當作他宣傳自家服務的標語。上門的顧客期望麥特心甘情願地討好他們，畢竟標語就是這麼說的，因此他們發現討好行為結束或發現自己欠下一大筆人情帳時，總是一頭霧水。

麥特承諾單方面源源不絕地提供關注與討好，藉此建立友誼與感情關係。他發動殷勤和恭維的攻勢，拿出最好的表現，換得對方暫時的陪伴，不過如果對方沒有看出麥特的目的，表現出他期望的回報，麥特就會反目成仇，停止付出關愛。當麥特停止討好，可想而知，對方會感到驚訝且大失所望，更加強化麥特「只有討好行為才能獲得接納」的信念。對方不開心，麥特就不開心，然後轉而用關愛寵溺另一個人。

實際上，麥特的標語應該是「你不滿意，我就不滿意」，不過這可能無法吸引顧客上門。

你如何宣傳自己？

你的標語怎麼介紹自己？

你在潛意識中提供什麼樣的保證？你承諾如何討好別人？想想看自己真正想要建立什麼樣的關係，而不是一味滿足別人的願望。考量自己與他人的需求後，你願意付出什麼？如果我們能卸下假像，用自己真實的模樣吸引顧客，也許上門的顧客人數會減少，但他們一旦上門，就會是忠誠的顧客。這些人擁有足夠的安全感來滿足自己的需求，也願意陪伴我們滿足我們的需求。以討好自己為目標重寫標語，以你自己真實的樣貌感到自豪。

艾卓斯和麥特都試圖成為別人心目中的樣子，他們以為這樣就能滿足自己的需求，獲得歸屬感。如果我們小時候從未感受到群體提供的保護，我們可能會學習自主獨立，尋找別的方法自保。如果我們的感受從未獲得重視，我們可能會藉由表現漠不關心來捍衛自己。我觀察眾多男性案主發現，這樣的成長過程容易培養出抵抗型討好者。

自以為的自由

有一天，一位案主踏進我的診療室，他正從離婚的震驚中恢復過來。這樣的故事不算少見：一位多年來努力工作的男性，盡責養家活口，在職場上力爭上游，他們通常從年紀很小的時候就自覺背負扛起一家的責任，但他們抗拒承擔生命中人際關係的情緒責任。他們設法躲避家事責任，渴望自由與獨立，他們認為照顧自己要比照顧所有人輕鬆得多。

有一對夫妻前來接受諮商，丈夫抱怨他得在太太出門時「當褓姆」顧小孩，但其實那是他自己的小孩；當太太建議丈夫週末帶孩子們去公園玩，他的反應彷彿太太又在找麻煩，咕噥著抱怨「奶爸安親班又要開張了」。他的朋友圈也都展現同樣的抵抗型討好者模式，他酒吧的同袍一邊看著大螢幕電視中的體育比賽，一邊爭相述說自己妻管嚴的經歷。

到了該乾掉手中的酒「回到太太身邊」的時候，他們還會彼此安慰。到最後，他的太太厭倦這種典獄長的身分，拜託丈夫對自己的小孩多用點心或希望先生花時間陪伴自己時還會得到白眼的回應，於是她決定終結婚姻關係。

這些男士以為自己想要自由和獨立，但這只是因為他們過去未曾獲得重視。他們訓練自己不想要親密感，因為他們小時候從來得不到，他們用抵抗型討好者的冷漠來掩蓋內心真正的人際關係需求。他們的太太不想要指使他們，也不希望被當成反派，更不希望只能透過脅迫來要求丈夫陪伴家人。

抵抗型討好者彷彿不在乎別人的想法，他們缺乏耐心也不願迎合討好的壓力，他們樹立起冷漠或好戰的防禦型表象，忽視旁人建言中的道理。他們孤立自己，擺出令人難以接近的樣子，假裝自己從來就不想要獲得關愛。他們以為自己遠離討好的壓力，但其實身陷古老的男性教條中，為了成為「男人的一員」而放棄情緒親密感。

這些人不知道有什麼其他選項，或是因為早期曾經經歷共依存關係，因此個性孤僻，一心尋求獨立。如果他們能學習表達自己的感受和需求，就能在關係中同時獲得自由與歸屬感，討好自己又兼顧家庭。如果做不到這一點，那他們會發現自己得到了自以為想要的自由，不過代價是永遠失去家人。

建立親密關係

男性通常很小就開始對階級感興趣，也許有生物方面的原因，也許是因為觀察到家中的階級生態，也可能兼有先天及後天原因。男性會利用內建的體育標準來判斷要競爭或合作，比較其他人的汽車引擎良莠，在職場上力爭上游。階級制度輕易培養出眾多討好者，他們的討好模式可能是循規蹈矩或違抗命令，不過共通點都是無法適當地討好自己。他們可能為了出人頭地及崇高地位犧牲親密感與人際關係，用職場上的勝利來彌補家庭的缺憾。在他們忙著討好老闆時，個人關係慘遭犧牲；當他們把自己最好的一面留給工作，女友或太太就只能生悶氣。

對許多男性來說，競爭能激勵他們拿出好表現。而在沒有競爭的家庭裡，沒有排名、晉升或加薪，因此有沒有好表現就無關緊要。一旦關係穩固、目標達成，他們很容易就鬆懈下來，把精力保留給其他戰場。

男性教條鼓勵他們在家中擺脫約束，這甚至成為另一個競爭項目，如果男人在家中被太太「呼來喚去」還會被其他男性同胞嘲笑。只要向男性同胞抱怨自己的「家累」，就能觀察到這種男性教條。而且即便你樂於接受有意義的成人經驗，擁有伴侶的支持，也不能在同胞面前展現自己的成熟，否則就會被排擠。

關係應該按階段依序發展，從握手與寒暄開始，接著是短暫閒聊、安排時間從事共同活動或興趣。許多關係也許就停在這個階段，不過仍然可以是令人滿足的友誼。不過如果我們想要建立更深的連結，擁有相同的消遣並不夠，還要共同追求親密聯繫，為關係注入真誠與互動。

但傳統男性教條限制其追隨者，不允許他們建立涉及感受的關係，難怪他們對話的預設主題就是體育、科技或汽車，安全地限縮在消遣活動的範圍內。如果有任何人表現出自己的弱點或試圖尋求親密感，這些行為都觸犯教條，行為者會變成危險的異類，同儕會訓誡他們「有種一點」，以大量羞辱「溫柔」地引導他們回歸正道。

如果你被灌輸「弱點等於軟弱」的觀念，可能會因此學習隱藏感受、避免深交。你甚至可能沒有察覺到這一點，只會偶爾覺得自己的關係少了些什麼，或是有某種東西阻礙你建立真誠的聯繫。許多男性案主都自陳感覺生活孤單，女性較少這類煩惱，因為她們透過長期的分享與表達建立支持網絡，而男性缺乏這種支持系統，多半要等到災難臨頭，他們發現無法自行恢復或獨立解決問題時才會意識到這一點。

也許你注意到，當一切順利時，你和朋友相處融洽、話題輕鬆，但當遭遇困頓或需要協助時，你無法向他們尋求情緒支持。如果是這樣的話，你也許可以花一些心思建立聯繫，發展親密關係，即便這可能需要你展現自己的一些弱點，也許你求援的對象自己也正好需要類似的人際關係。

不論你早先接收到什麼觀念，弱點都不會使你不受喜愛，你擺出的防禦姿態才會令人難以接近。要記得，你從來就不必感到羞愧，那是充滿恐懼的過去所遺留的舊觀念，現在對於男子氣概的認知應該有所更新。

如果躲在牆內，就沒有人可以傷害你，但你也感受不到關愛。**把牆打掉，讓別人走進來。你有權利表達自己的感受，傾聽會是一種榮幸。**

隨著你越來越擅長討好自己，你就有能力和別人分享自己的經驗，對方可能正好需要這種引導。下一章將探討被討好的感受。

11／被討好的壓力

伴侶諮商中，我經常使用這個練習，目的是瞭解感情關係中的討好模式。我會給他們一張紙，請兩人拿著，然後告訴他們最後只能有一個人拿著紙，請他們自行協調要由誰來拿。

當然協調方法可以有很多種，沒有唯一正解，不過過程總是耐人尋味。透過這項練習，他們會展現出潛意識的認知及行為，於是我們可以就此進一步討論。

艾爾頓（Elton）和安卓莉亞（Andrea）這對夫妻做過這項練習。他們前來諮商的原因是，安卓莉亞覺得兩人的感情關係遇上瓶頸。他們的女兒最近離家，而安卓莉亞原本期待新的生活方式能獲得自由與新鮮感，但現實卻充滿無趣與挫折。她開始考慮結束婚姻，雖然她還愛著先生，但他對於當個人生的「旅客」就心滿意足，而她受不了與這樣的人白頭偕老。

我給了他們一張紙並說明練習的進行方式，接下來的互動並不令人意外。

艾爾頓：「給你拿，親愛的。」
安卓莉亞：「這不是練習的目的，我們應該要討論，瞭解我們的互動方式。」
艾爾頓：「喔，好，沒錯。那我拿。」
安卓莉亞：「你沒搞懂！我們應該要討論！」
艾爾頓：「抱歉、抱歉、抱歉……那要討論什麼？」
安卓莉亞：「你想要討論什麼？你為什麼就不能主導？為什麼總期望我來告訴你要想什麼或做什麼？這就是我們來諮商的原因！」
艾爾頓：「該死，抱歉。我又犯了，對不對？好，我想想，嗯……」
安卓莉亞：（嘆氣並放手）
艾爾頓：（把紙放在桌上並看著我）「抱歉。」

「被討好」的問題

擔任討好行為的接收者也令人疲憊，安卓莉亞對此深有體會。討好者害怕讓你失望，於是把所有決定都交給你，跟從你的動力與判斷隨波逐流。他們害怕自己的意見不正確，因此不表示任何意見。他們不敢引發衝突，為此他們熄滅一切熱情。在你開口之前，他們搶先道歉。

討好者在感情關係中可能相當令人惱怒。當然，身邊的伴侶體貼、大方、隨和、謙遜有時可能還不錯，不過有優點也有壞處，只是缺點可能比較不容易發覺。如果你是討好行為的接收者，就必須接受他們的討好方式，稱讚他們的無私和順從，對他們的奉獻表示感激。安卓莉亞對此感到厭煩，艾爾頓原本無害的討好行為已經開始消耗她的活力，他變得毫無主見，一心只想要把她留在身邊。以他們的例子來說，艾爾頓討好的需求在女兒離家後加劇。卸下父親的職責後，艾爾頓的生活頓失重心，而且少了女兒綁住太太，他覺得安卓莉亞隨時可以離他而去，於是感到惴惴不安。不過他慌亂求取太太認同的行為反而把她越推越遠；他試圖表現隨和，卻只是惹惱對方。

也許你身邊也有令人厭煩的討好者。你們約好去看電影，不過挑影片時，對方堅持由你決定。即便你提醒對方：這次換你選了，他還是相當不自在，不斷猜測你的偏好，擔心做錯決定的後果。你光是願意出席，他就表示莫大的感激，在你提出異議之前就高聲宣告：「我請客！」並把信用卡塞給收銀員，試圖讓自己好過一點。如果討好者可以誠實面對自己，他們就會瞭解到，這些討好之舉不是為了別人，真正的目的其實是壓抑自己的不安。到頭來，這以無私的蝴蝶結包裝的自私舉動，最後必定會惹惱對方。

討好行為其實沒辦法討別人歡心，瞭解這一點有助於討好者戒掉這種行為。討好行為的輕微後果可能是惹惱對方，不過如果我們為求自己心安而操縱別人，這是相當不尊重的欺瞞行為。如果我們能意識到討好的害處，就能採取必要步驟，開始討好自己，停止傷害我們極力想要維護的關係。安卓莉亞希望艾爾頓對她付出足夠程度的重視，希望他鼓起勇氣，與她展開親密關係必須面對的棘手話題；她希望艾爾頓與她分享現實生活的負擔，真誠做自己，就算這可能很嚇人；她希望他能與她有情緒上的交流，建立實質、穩固的聯繫。艾爾頓也想要這樣，只是不知道該怎麼做。

協助討好者停止討好常涉及一個令人不自在的過程，也就是幫助他們發現自己潛意識的暗流。討好者的行為不一定是問題核心，不過這些行為的確常常不中用，因為他們認知中能夠討人開心的行為相當有限，不一定是對方實際欣賞的舉動。問題的根本是他們潛藏的動機。就像艾爾頓，討好者期望對方產生正面反應，提供他們渴望的接納及安全感，而這種不平衡的狀態對成人關係無益。就像安卓莉亞，被討好者不一定想要握有全部的權力，不過他們被迫承擔這份責任。

這並不是有意識的行為，不過如果要撥亂反正，就必須把問題搬到檯面上。討好者必須為自己的經驗負責，重拾掌控權，卸除被討好者的責任負擔。

如果你曾感受過討好壓力，這份經驗能幫助你發現其他正被同樣壓力驅動的人；如果你也體會過被討好的感受，就能分享被討好的實際情況；如果你的關係曾構築在討好及被討好的基礎上，你可以開始協助彼此展開真誠的協商，表達自己的需求，以自己的方式討好自己。與其接受彼此過時的討好行為，你可以協助雙方邁向更符合現狀、互相尊重的包容關係，滿足彼此真誠的需求。

如果你有朋友或同事願意展開一段更符合現狀的真誠關係，願意調整互動模式，卸除彼此討好與被討好的負擔，你們可以訂立新的契約。你可以說：「**我們答應彼此，如果有什麼地方讓你不自在，你要告訴我，如果我對某件事不自在，我也會告訴你，然後我們一起解決，你覺得怎麼樣？**」

停止討好對方，也不再接受對方的討好行為後，你們可以建立真誠的關係，攜手學習做自己。

無條件的接納

在診療室中，我常接收到討好行為。曾有案主在療程之後試圖付我小費，因為他們覺得自己特別「難處理」；有人會買咖啡請我，因為如果只有自己有咖啡喝似乎不太禮貌；有人在傾盆大雨中站在門外等，只因為不好意思比約定時間早一、兩分鐘按門鈴。

我通常第一天就能看出案主是否希望我喜歡、贊同或認可他們。我會引導這些案主思考如果自己不被喜歡、不被贊同會是什麼情況，這個過程對他們來說可能相當難熬。我會溫柔但堅定地抽走討好行為這條安撫巾，讓他們開始正視自己的想法與感覺；擺脫幼稚的服從，開始認識自己並逐漸瞭解到，就算不再討好，他們還是可以獲得我和他們自己的無條件接納。

當他們發現，服從和乖順在診療室中起不了作用，我們就能以新的方式展開溝通，以自己真實的模樣（而不是應有的樣子）獲得深度理解、全面認同。

心理治療是一種可以提供沉著與同理的關係。在療程中，案主有機會放下討好行為，展現自己真實的樣子，如果他們在診療室中感覺獲得接納，那也許他們也願意在真實世界中嘗試卸下面具。

你可以把這些道理應用在自己的關係中，給予彼此許可，重新訂定關係契約，打破討好的鎖鏈，開始討好自己。你可以允許自己停止討好行為，阻止對方討好或許也等於拉他們一把，讓雙方都能以全新的真誠重新建立聯繫。

不論是否接受心理治療，只要願意在日常關係中創造一個真誠、不帶批判的空間，我們都能協助彼此踏上這個歷程。無條件的接納是一盞明燈，指引所有討好者朝康復前進，帶領他們重拾討好自己不可或缺的自尊與自由。

壓力與憂鬱

如果要保持健康，我們必須有情緒反應，也被允許這麼做，不過討好者通常沒有能力也不被允許。

人類天生能夠承受一陣一陣的壓力，所有哺乳類都有這種能力，不過如果是被掠食者追捕的野生動物，牠們的緊急反應只會持續幾分鐘，過了這幾分鐘之後，結局不是成功逃脫就是被吃掉。假設順利脫逃，那牠們的下一個任務就是找個安全的地方，例如隱身靜僻之處的一棵樹下，開始休息、顫抖。動物的身體會開始消化方才經歷的創傷，釋放天生打或逃反應所產生的化學物質。

人類的演化已經淘汰這種自然機制，動物可撐過短短數分鐘的壓力後進行調節，人類則能長期承受中度甚至高度的慢性壓力，有時甚至終其一生把焦慮當成常態。我們從不消化壓力，而是長期處於緊繃的狀態中，透過討好求取安全。

憂鬱不等於心情低落，憂鬱更像是無知無覺。在無意識中壓抑所有感受，直到心情變成平坦貧瘠的荒原，沒有悲傷，但也沒有喜悅與動力。假如討好者開始關注自己的悲傷、憤怒或恐懼，他們很可能感到徬徨無措，這些情緒會使他們無法正常運作、體恤別人，未能滿足討好條件，使他們遭到討好對象排拒，因此只好在潛意識中壓抑這些情緒，進而導致憂鬱。

對討好者來說，關注自己的感受並不是常態，他們的責任是關注其他人的感受，讓別人保持開心、免於痛苦。幸運的話，這些討好行為能獲得對方的正面回應，討好者至少可以暫時從中獲得慰藉。討好者已經習於把別人放在優先位置，因此當他們自己面臨困境或需求時也不知道要尋求協助，於是焦慮與憂鬱隨之而來。

述說故事與排解壓力

當案主走進診療室，不論他們是焦慮、憂鬱或兼而有之，第一項要務就是協助他們說出自己的故事，就像野生動物透過顫抖宣洩壓力，說故事的過程有助抒發壓力。人類擁有語言能力，因此可透過述說故事整合想法與感受。不論他們認為自己的想法與感受有多絕望、可笑或不被接受，都可以透過述說故事表達出來，讓自己的身心重現這次經驗，見證其真實性。

把可怕、羞愧或絕望的記憶織成掛毯，重新理解並發現其中的人性與需求，唯有如此才能正視自己過去的錯誤，重新規畫自由的生活，不再讓焦慮與憂鬱封印自己。他們可以自由感受、自在回應，瞭解他人的反應是他們自己制約的結果。真誠做自己，不再顧慮這樣是否討人喜歡，這才是真正的適應力。

案主經常害怕至親發現真相，擔心對方知道他們的想法有多黑暗或偏執後會討厭他們，他們預期的反應包括被家人排擠或被當作累贅。他們前來接受諮商，正是因為心理治療師的職責就是不帶批判的傾聽，沒有利益關係，毫不偏私。如果有案主對我說：「這聽起來很荒謬」或是「這聽起來真的很惡劣」，我一定會對他們說：「對我來說不會。」真的不會。這幾年來接觸這麼多個案、伴侶、家庭和機構，我什麼話都聽過了，**沒有什麼想法會太黑暗，也沒有感受真的令人難以接受**。這些都不是令人反感、無法容忍的不正當的行為，只是人性的一部分，而人性相當複雜。

案例／**安雅**

安雅（Anya）雖然踏進診療室，但從未用心投入。她盡責地參與約診，但情緒被憂鬱的重擔掩埋。

她是一位體貼、謹慎、溫和的年輕女孩，以寫作維生。我能瞭解她的苦處，不過有時候我也覺得協助她的過程事倍功半，令人身心俱疲。診療過程中，她會處處順從我，試圖藉此討好我。她會採取典型討好策略，寫短篇故事給我，或是帶書來給我讀。她會坐在座位上，將近五十分鐘不發一語，事後再寫電子郵件向我道歉，說她辜負我、令我不高興，或坦誠回答問題時沒有全盤托出。她也會把這套行為用在她女朋友身上，然後再為惹惱對方道歉。安雅一直躲在牆後，旁人想要向她伸出援手也無能為力。

她害怕如果自己在診療過程中說錯話或做錯事，我就會告訴她不用來了。她的安撫型討好模式令她動彈不得，她害怕被拒絕，因此把所有感受和黑暗想法都藏在心中，但又害怕我覺得她浪費我的時間。

她是當時我在臨床視導（clinical supervision，譯註：視導人員會針對心理諮商及治療從業人員的實際工作內容，提供相關訓練與協助）中花最多時間談論的個案。我對這位案主的反應不僅包括自己的挫折感，其中也反映她操縱外界反應的方式，進而成為轉移到我身上的感受。她極力避免觸怒所有人，但她的封鎖與防禦姿態卻令大家感到挫折。她擔心失去自己在乎的人，因此隱藏自己的痛苦感受，但隨之而來的憂鬱反而造成更深的疏離。

安雅的童年記憶相當令人心疼，從她向我透露的片段經歷來看，我們不難理解她害怕遭到拒絕的原因。她告訴我，她有一次打破一個玻璃杯（或撕壞某個東西，她記不清楚，因為那時她才三或四歲），她的父母就把她的東西收拾到小行李箱裡，連她一起趕到門外階梯上。她記得坐在行李箱旁，知道爸媽把她趕出家門，但她不知道下一步該怎麼辦。後來她爸媽打開門讓她進來，安雅麻木地說：「他們想要給我一個教訓。」還有很多類似的例子，安雅的父母讓她以為自己只要做錯一件事就會被送走。

這樣的經歷令聞者心碎，不過我不能只是安慰她。這些年來她已經聽過很多安慰的話語，不過都只是讓她對當下的同情心懷感激，反而更擔心無意中的犯錯會害她失去這些善意。

不在乎對方是否認同

我對安雅的接納必須是無條件的，也就是說，我不能像她父母一樣反對她，但我也不能認同她，**她必須不在乎我是否認同，才能開始審視自己的內心**。這個過程很花時間，我們得先幫助她累積足夠的安全感，讓她願意稍微表現情緒，接著才能請她思考被拒絕會是什麼情況。

有一天，她拿出為我精心撰寫的詩，詩文無疑非常優美。她彷彿把老鼠輕輕放在主人腳邊的貓，懇求我的讚美與肯定，於是我利用這個機會請她思考我們之間的關係。我開口：「如果我對你的舉動感到開心……如果我很欣賞你給我的禮物……肯定你的努力，你會有什麼感覺？」

她猶疑地看著我說：「嗯……我會很開心吧？」

我繼續輕聲說：「那如果我不喜歡呢？如果我對你不滿，或是不想要你的禮物，那又會怎麼樣？」想到沒辦法討我開心的可能性，想到自己沒有容身之處，安雅再度感到無能為力，彷彿回到幼時家門外的台階上，她瑟縮了一下。於是我們開始討論，進入診療室時，如果她可以放下討好行為，暫時擺脫她終生服從的教條：討好、安靜、順從，那會是什麼樣子？我協助她逐漸瞭解，以自己**原來的樣子獲得接納會是什麼樣子，她做了什麼或沒做什麼其實無關緊要，有了這份認知，才可能有所改變**。

在此之後，我們的合作關係有了轉變，變得更加真誠而有意義。安雅擔心自己惹女友不開心，對方就會拋棄她，不過試圖操控女友的感受使她無力照顧自己的情緒，因為情緒真空而出現的憂鬱對兩人的關係傷害更大。安雅接受諮商，學習如何討好自己，練習不要為我的感受負責，進而卸下顧慮女友感受的責任。

你可以獲得接納

你以為某部分的自己不會受到接納，因此把這部分隱藏起來不被別人知曉，花點時間傾聽這部分的自己。

你最害怕被別人知道自己的什麼事情？

也許你認為自己的某種感受、想法或衝動很可恥、惡劣或荒謬。不論你是否接受心理治療，道理都是一樣的：**沒有任何想法或感受是無法容忍的**，這全都是人性的一部分，你的全部都能獲得接納。**允許自己述說故事，就算只是向自己述說也沒關係**。或許你能藉此看穿恐懼或內疚的表面防衛，發覺自己真正的感受與需求。

此外，如果你選擇向其他困在討好模式中的人伸出援手，你也能提供他們同樣的全然接納，傾聽他們故事中的涵義，抱持好奇心，但不帶批判。

保留稱讚

與討好者案主合作時，我必須讓他們知道，他們沒辦法討好我。並不是因為他們討好得不夠賣力，而是我不接受這種行為。不管他們做什麼或想什麼，我都不介意。但我可能會請他們思索自己為什麼這樣做，也可能點出他們所忽視的需求，挑戰他們給自己的說法。我可能會阻止他們操縱我的反應，不是因為我不贊同他們的行為，而是因為我的職責是協助他們正視自己的反應，清晰地傾聽自己，不帶審查、不做調整，敘說自己的故事時不必剔除社會無法接納的部分。

執業過程中，我必須注意不要為討好者案主過度調適，否則就會在不自覺的情況下陷入同樣的困境，和他們一樣，自以為必須為對方的反應負責。當我預告調漲費用時，我一位長期案主拉斯（Lars）就出現一種重要的調適過程。

案例／**拉斯**

拉斯是一位「乖巧」的案主。身為典型討好者，他總是準時出現；我如果身體不舒服或因為其他原因必須取消約診，他也都能體諒。他耐心等待我產假結束重返崗位；我的工作地點搬遷時，他也願意搭火車轉車，持續每週的諮商，全心投入心理治療。

當我要調漲費用時，我按契約提前告知並個別通知每位案主。隔週拉斯進入診間時明顯相當不滿，頭十五分鐘，我聽著他抱怨上司和鄰居如何惹惱他，接著我問：「或許你也對我不高興?」

他的反應先是慌張,然後是鬆了一口氣。最後他終於說:「我很生氣,」眼神也透露著怒氣,「我花了那麼多時間和金錢在心理治療,我從來沒放你鴿子,從來不浪費你的時間,但你居然這樣對我。我怎樣做都不夠,你得寸進尺,這樣很貪心!你就和其他人一樣,予取予求。」

我讓他把話說完。他深吸一口氣,忍住眼淚。

這些年來他吃力不討好地為所有人過勞工作,卻只是換來更高的期待與更多要求,拉斯對此感到心酸。他氣自己被別人利用,而這些人甚至沒發覺自己在利用他,當拉斯說他付出不求回報時,他們就採信他的話,或是和我一樣,從來就沒有被他的討好行為打動。

他奉獻自己,期望別人也為他做出同等的付出。他的想法是,當個「乖巧」的案主就能換來我的寵愛,我也會當個「稱職」的治療師做為回報,親切、慷慨,對他的配合心懷感激。他是單親撫養長大的獨生子,他的母親也有自己的無助之處。拉斯告訴我,成長過程中,他的媽媽經常說他看起來很蒼白,然後就讓他請假在家,不去上學。拉斯說:「我想多數時候她只是很寂寞,其實主要是我在照顧她,而不是她照顧我。」

拉斯一生不斷尋覓一位稱職的「家長」,這位家長不會向他索討,不會期望他的回報,而是不設條件地付出關心，穩定、單向地提供安全感與支持。拉斯原本期望我成為這樣的「家長」，不過調漲費用使他意識到，我們的關係純粹建立在職業互動上，這戳破了他的想像，把他拉回現實。他很生氣，不過更傷心的是自己原本懷抱這樣的幻想。

收起光明面

事實上，「稱職」的治療師要能真誠根據案主的需求適時提供支持或挑戰；案主如果表現出他們在現實世界中學到的適應不良行為，「稱職」的治療師不會予以鼓勵，不會強化他們「必須滿足特定條件才有價值」的信念，不會滿足他們的家長所遺留的空缺，不過會提供關懷，協助他們排解隨之而來的感受。

要達到以上目標，我認為「稱職」治療師也必須明白自己的價值，並成為案主的榜樣。我謹慎遵守監管機構制定的倫理規範，行事以案主利益為依歸，絕不為害。為此，我可能必須打破他們的現狀，有時候這會使他們感到緊迫逼人或不自在。我可能得調漲費用、改變工作方式或請假。

我不能討好他們或充當他們的家長，但我可以承諾為當下的治療關係付出全副心力，以他們陌生的安全方式協助修復過去的裂痕，協助他們獲得全新的自主權與許可。「稱職」的朋友、伴侶或雇主也應該這麼做。展現討好自己的能力，以此做為他人的榜樣，並鼓勵旁人效仿。

要讓討好者案主相信自己在諮商室中不會「犯錯」，就要讓他們知道討好行為也不會獲得嘉獎。這裡沒有批判，我只提供空間、好奇心和同理心，引導案主發掘討好行為的背後原因。「稱職」的案主不必討人喜歡；我如果沒有抓到重點或是誤解你，你可以指正我，我會向你道歉並修正錯誤。身為「稱職」的心理治療師，我也不必討人喜歡。我如果獎勵拉斯的討好行為，因此犧牲自己調漲費用的權利，就等於告訴他，他也應該這麼做；我可能重現他童年最初觀察到的行為模式，讓他誤以為自己應該保持乖巧、有耐心、不吵不鬧，然後盲目地相信別人會肯定他的表現。

我們也可能在私人關係中重現早期觀察到的行為模式。討好身旁的人就可能傳達出「你們也應該這麼做」的訊息；如果接受對方的討好行為，就等於訓練他們持續擱置自己的需求，優先滿足我們。不論是心理治療師或家長，任何人都不該燃燒自己，我們的責任是擔任榜樣，以身作則討好自己，並允許別人也這麼做。

我給拉斯向我發怒的機會，他可以對我生氣，我不介意。我們藉此機會探討他對當下處境的感受，更重要的是，這些感受喚起他過去的經歷。我藉此向他證明，不論發怒或服從，我一樣接納、歡迎他。我對他的接納沒有任何條件，因此他可以停止討好我。

唯有當案主收起光明面，然後發現我仍然接納他們，仍然願意坐在他們身旁瞭解他們，他們才能擺脫自我批判，放下令他們坐立不安的焦慮，走出令人絕望的憂鬱。唯有此時他們才能傾聽自己真實的感受，正視自己的需求；唯有此時他們才能更新過去接收到的訊息，重新定義自己在這個世界上應該扮演的角色、行為模式與人生目的，開始充分活出自己的人生，而非倚賴他人的小恩小惠。

稱讚的牢籠

稱讚可能徒有虛名，不一定值得追求。旁人可能利用讚許來訓練我們採取他們可接受、「好應付」的行為，限制我們討好自己的選項。

別人為什麼稱讚你？

也許常有人說你體貼、親切，或者你以為人慷慨、古道熱腸著稱。

如果請朋友說明你的強項，他們會怎麼說？情況好的時候，你會怎麼介紹自己？

我們把這稱作你的「光明面」，也就是容易為人接納的部分，獲得他人認可，並經自我內攝（introject，譯註：指個人複製周遭環境中他人的行為或特質，這是一種心理防衛機制，用於融入群體，降低自身的焦慮）強化。

我們不能過度接納自己的光明面，因為這會將陰暗面埋藏得更深，使自我價值的定義越加偪促狹隘。如果我們想要擺脫自我批判，就得先放棄討好別人時所獲得的稱讚；**不要去想該怎麼做才對，就不會感覺自己犯錯。**

同樣的，當我們關愛的人討好我們時，也不該因此稱讚他們。

你為什麼稱讚別人？

過度接納或稱讚對方的討好模式，會讓他們誤以為這就是你所期望的行為，即便實際上你可能不樂見這種情況，他們還是會繼續為你表現出某種樣子，因為他們以為這是維持關係的條件。你可以勇敢一點，告訴他們你不喜歡他們事事尋求你的認可，不必每個決定都經過你的批准。如果他們需要你的保證，或是不管你做什麼安排都全盤接受，你可以告訴他們，這樣的關係不太平衡、過於沉重。你可以告訴他們你理想中的關係面貌，詢問他們是否願意建立這樣的新關係。允許你討好自己，提供真實的建議並據此建立真誠的關係。

心理治療師正是扮演這樣的角色：獨立於案主的討好關係之外，不會被案主的討好行為迷惑或說服，因此也不會對他們失望。面對心理治療師，案主常是第一次有機會嘗試展現自己真實的模樣，發掘自己原本的價值，瞭解到自己本來就很重要、值得他人與自己的尊重。向外界與現實生活的人際關係展現自己的真實面貌前，案主可以先在安全的治療微生態中測試，一旦發現自己原本就能獲得接納，他們就更有自信向原本的討好對象展現自己真實的一面。

練習討好自己的關係圈

你不必接受心理治療也能知道自己原本的樣子就能獲得接納，你可以先從嘗試討好自己開始。從最有安全感的人際圈開始，然後逐漸累積勇氣朝更重要的關係邁進。

想像一組同心圓，內圈是最重要，也許風險也最高的關係。對許多人來說，這可能是原生家庭。由內往外第二層可能是伴侶或子女，也就是你建立的小家庭，同樣也很重要，不過過去的包袱較輕。更外圈可能是朋友，接著是同事、鄰居、點頭之交，最後一圈是街上的陌生人。如果你還不太有把握，可以從外圈展開討好自己的旅程，再逐漸往內圈前進。

在外圈練習重視自己，比方說在超市中，如果有人插隊，請為自己挺身而出；允許自己拿走架上最後一件商品；在結帳檯以自己的步調裝袋，就算有人發出不滿的嘖嘖聲也不要道歉。允許自己影響別人，而你不必為此負責。在最外圈累積越來越多成功討好自己的經驗，大腦中偵測威脅的部分就會將這份資訊儲存起來，鼓勵你繼續採取同樣的行動。從點頭之交、鄰居、同事開始測試，你會發現，你其實可以做自己，讓經驗慢慢引領你朝內圈前進。隨著經驗累積自信後，你開始可以在朋友面前展現自己，抒發自己真實的想法，做好協商的準備。

在此過程中，你無疑會遭遇衝突，請允許自己進行修復。如果你犯了錯，你可以道歉，但如果是別人虧待你，該道歉的不是你。在這種情況中，提醒自己不該自責，憤怒才是合適的反應。以成熟的方式感受並表現怒氣，憤怒是改變的動力並藉此重申界線範圍，但不要暴怒或存心報復。

當你發現感受可以用來保護自己，為自己指點正確的修復方法，就更能承受撕裂親密關係的風險。只要我們願意修復關係，就能嘗試與伴侶建立更誠實的關係，然後我們可能會發現自己也已經準備好在最內圈的原生家庭中展現真實的自己。

有些案主可以對朋友敞開心胸，但面對街上的路人卻難以捍衛自己；有些人能對伴侶吐實，卻應付不了職場人際關係。不論你想在哪個人際關係圈中討好自己，你可以從其他關係圈所獲得的無條件接納汲取自信，勇敢嘗試。

要知道，這只是方向建議，你可以選擇自己的終點。我有許多案主選擇接納原生家庭，他們接納家長過去的樣子，也理解他們的原因。他們接納（或許也哀悼）自己從未獲得的正面教養，因為自己的父母沒有能力提供，他們接受這一點。他們選擇將新習得的改變能力投注於人生現階段的關係中，並對此感到心滿意足。

這是你的生命歷程，重要的是認清討好行為的阻礙，以及你想要做出改變的地方。

結論：討好你自己

說到討好自己，感受是最棒的指引。我們的感覺能告訴我們當下的需求，也能引導我們滿足需求，不論是向外求援或自行滿足。

如果無法隨時聽取感受的建議，也不被允許根據感覺採取行動，那我們可能只能選擇典型討好模式，追求不可能企及的完美；或是化身影子型討好者，討好我們心目中更優秀的對象，卻犧牲自己的快樂；也可能透過安撫型討好模式避免令人不快，以自己的尊嚴為代價維持和平；或是陷入抵抗型討好模式中，把精力都浪費在逃避討好壓力上。

不拋棄感受

在本書案例中，我們看到討好者經常忽視自己的感受與需求，見識到討好者與被討好者承受的負面影響。如要討好自己，我們必須學習辨識感受，瞭解這些感受代表什麼意義，這樣才能採取正確的行動來滿足自己，而不是倚靠討好別人的旁門左道。如要討好自己，就要面對所有感受。

也就是說，你不能挑三揀四，不是接納所有感受（但你也有處理這些感受的能動性），就是全部關閉，將痛苦、喜樂及生命的意義一併阻擋在外，於是你只能退而求其次討好別人，幸運的話，或許對方能滿足你的需求。

除了面對感受，你還要重視它們。以寬容和同理傾聽感受，並以肯定、彰顯自我價值的方式採取行動、尋求解決方案。

如果你長期討好別人，這樣的轉變無法一蹴可幾，重新找回被忽視的自我需要一些時間，你的心才會逐漸開始相信你會保護、尊重自己。我會以「試用期」的概念向康復中的討好者案主說明這個道理。

想像你的感受就像小時候的你，大約六、七歲，如果你希望這個年紀的孩子對你說實話，就要讓他們知道你不會因此批評他們或令他們難堪。此外，因為吐實有其風險，他們還要知道說實話也有正面效益，才能抵銷原本的風險。如果他們向你傾吐自己的感受，但什麼也沒變，他們就不會再跟你說了。一再被棄置不理的嬰兒不會持續嚎啕大哭，並不是因為他們學會調節情緒，而是因為發現哭也沒有用。如果你不向自己伸出援手，久而久之，你就會變得無知無覺。

取得自己感受的這份信任需要耐心與練習，你可以有意識地不時「檢查」自己的情緒，比方說詢問自己：「我現在和自己的關係如何？我感覺怎麼樣？我需要什麼？我如何向外求援或自行滿足？」

如果你發現自己內心的批判聲音又開始負面的自我對話，請立即介入，捍衛自己的感受。當你的感受發現你與他們同在，就會越來越有自信表露，相信你會根據他們提供的資訊採取行動，同心協力討好自己。

健康的警告

當你逐漸不再討好別人，開始關注自己的感受，過去你從被討好者身上獲得的有條件接納和肯定必定會枯竭，在情況開始好轉之前，你可能感覺越來越糟。請以同理心寬容對待自己，做些正面的小事情提振心情，不一定是因為你想要這麼做或覺得自己值得鼓勵，而是因為這可以用來啟動討好自己的自然循環。**從前你以討好服務換取關注與獎賞，現在你可以透過預先擬好的小確幸清單自給自足**。

狀況好的時候通常比較容易想到令人愉快的事物，所以建議你隨時打開筆記本，如果你發現自己喜歡坐在某家咖啡廳中享用咖啡，快記下來；如果你喜歡午後泡澡，也記到清單裡；也許某條慢跑路線讓你身心舒暢、某個馬克杯令你心滿意足、某條歌讓你充滿活力、某個 Podcast 頻道總能讓你打起精神，都記下來。

心情低落時你可能什麼都不想做，這時你可以隨便選一項小確幸清單試試看，再怎麼樣也不會使情況變得更糟，不過十之八九會有提振心情的效果，不僅因為你做了一件愉快的小事，更因為你關注自己的情緒紅綠燈，向自己證明「我很重要」，顯示自己的感受值得正視與關懷協助。

你不只要對付自己內心的批判，你身邊過去被你討好的人也必然會表示不滿。打破共生關係時，並不是所有人都能欣然接受這樣的改變。如果你開始重視、關注自己，而你之前結交的對象若期望你優先處理他們的需求，那這樣的改變就等於打破你們關係中的不成文規定。並非所有人都能接受你的邀請，與你建立真誠的關係，不過接受的人值得你的真心。

有捨才有得，不放手共生關係，就無法建立嶄新的親密聯繫。尊重自己的感受，扛起滿足自己需求的責任，你會發現你所期盼的回應一直都在：重要的人願意無條件接納你，至於不重要的人，請允許自己離開他們。

真相有時令人難受

我很幸運能與疼愛我們的祖父母共度美好時光。小時候，我爸媽每週日會把我和哥哥送到爺爺奶奶家，奶奶會煮一頓豐盛的週日燒烤大餐，隔週輪流做我和哥哥最愛的甜點。我們會把電視轉向餐桌，一邊享用晚餐，一邊觀看電視影集《牧野風雲》（*Bonanza*）重播。晚餐之後，爺爺會帶我們去街角的雜貨店買塑膠玩具槍和香菸糖，爸媽絕對不准我們買這些東西。有時候，爺爺會拋出硬幣讓我們去找，我們會開心地邊走邊找，看到硬幣就猛衝過去；我們也會停下來大啖路邊的黑莓果，爺爺會把我們抱起來，摘下最多汁的梅果。有一次我突然穿越馬路，朝對面特別香甜的果樹跑去，爺爺對我大吼，我嚎啕大哭，因為親愛的爺爺朝我大吼而傷心不已。後來爺爺安慰我：「我非這樣不可，因為你對我來說太重要了。」

這就是討好自己的現實面。給予自己享受欣喜人生的許可與自由，不過前提是，必要時，你也會提供自己適當的保護。要求自己為自身的行為負責，我們不一定喜歡這些保護訊息，但我們必須對自己付出足夠程度的重視，傾聽其中的道理。或許你也不喜歡本書提供的保護訊息，這些訊息要求你把自己納入考量，負責滿足自己的需求，而不是把責任外包給被討好的對象。

或許你不喜歡聽到我說，不在乎一切的態度只是迴避藉口，你不想重新協商自己和權威模稜兩可的關係。或許你不認同討好行為具有操縱目的，我很遺憾你這麼想，但我必須告訴你真話，因為你太重要了，我不能以謊言搪塞你。

事實就是，討好時，沒有人是贏家；只要你繼續討好，你就是問題所在。

還有，你原本就夠好了，一直都是。

為了大家好，請討好你自己吧。

致謝

謝謝 4th Estate 出版社，也謝謝我出色的編輯 Helen Garnons-Williams，謝謝你以親切和幽默指引我；謝謝 Charlotte Atyeo 耐心同意我修訂的要求。

謝謝我的經紀人 Euan Thorneycroft 以及 A. M. Heath 所有成員，謝謝你們提供睿智的建議與貢獻。謝謝我最好的朋友 Liz，你一直賣力為我打氣，也是我最信任的顧問。沒有你就沒有這本書，謝謝你託付堅定的信任。

謝謝我的父母 Keith 和 Ingrid，也謝謝我哥哥 David，謝謝你們終身的支持與鼓勵。我還記得我們在飯店陽台上，一邊享受著陽光，一邊起草前幾章，那是愉快的回憶。

謝謝我的丈夫 Anton，謝謝你一直為我加油打氣。

謝謝我可愛的孩子 Thomas 和 Elsa，我就愛你們原本的樣子。

最後，謝謝已故的 Sarah Grierson，是你提攜我成為今天的心理治療師，也謝謝眾多無法在此一一指名的案主。

討好陷阱

心理師的情緒解方──

有些人無論如何都不會滿意，那就別再嘗試討好他們

Please Yourself: How to Stop People Pleasing and Transform the Way You Live

作者	艾瑪．里德．特雷爾 Emma Reed Turrell
譯者	林怡婷
商周集團榮譽發行人	金惟純
商周集團執行長	郭奕伶
視覺顧問	陳栩椿
商業周刊出版部	
總編輯	余幸娟
責任編輯	黃郡怡
封面設計	萬勝安
內文排版	洪玉玲
出版發行	城邦文化事業股份有限公司 商業周刊
地址	104 台北市中山區民生東路二段 141 號 4 樓
傳真服務	（02）2503-6989
劃撥帳號	50003033
戶名	英屬蓋曼群島商家庭傳媒股份有限公司城邦分公司
網站	www.businessweekly.com.tw
香港發行所	城邦（香港）出版集團有限公司 香港灣仔駱克道 193 號東超商業中心 1 樓 電話：(852) 2508-6231　傳真：(852) 2578-9337 E-mail：hkcite@biznetvigator.com
製版印刷	中原造像股份有限公司
總經銷	聯合發行股份有限公司 電話：(02) 2917-8022
初版 1 刷	2021 年 8 月
定價	380 元
ISBN	978-986-5519-63-6（平裝）

Copyright © 2021, Emma Reed Turrell
This edition arranged with A.M. Heath & Co. Ltd. through Andrew Nurnberg Associates International Limited.
Complex Chinese Edition Copyright © 2021 by BUSINESS WEEKLY, A DIVISION OF CITE PULLISHING LTD. All Rights Reserved.

版權所有．翻印必究
Printed in Taiwan（本書如有缺頁、破損或裝訂錯誤，請寄回更換）
商標聲明：本書所提及之各項產品，其權利屬各該公司所有。

國家圖書館出版品預行編目 (CIP) 資料

討好陷阱：心理師的情緒解方－有些人無論如何都不會滿意，那就別再嘗試討好他們 / 艾瑪・里德・特雷爾 Emma Reed Turrell 著 ; 林怡婷譯 . -- 初版 . -- 臺北市 : 城邦文化事業股份有限公司 商業周刊 , 2021.08
272 面 ; 14.8*21 公分
譯自 : Please yourself : how to stop people pleasing and transform the way you live.

ISBN 978-986-5519-63-6(平裝)

1. 人際關係　2. 生活指導

177.3　　110010924